Schilddrüse und Verhalten

Schilddrüsenunterfunktion beim Hund

Beate Zimmermann

MenschHund!
Verlag

Dieses Buch unterliegt inklusive aller Bilder, Grafiken und Fotos dem Copyright. Vervielfältigungen aller Art, Weitergaben in jeder Form und auf jedem Weg sind ohne ausdrückliche Genehmigung von MenschHund! Verlag nicht gestattet. Ausgenommen ist das Zitieren aus dem Buch mit entsprechender Kennzeichnung.

> Alle Angaben in diesem Buch erfolgen nach bestem Wissen und Gewissen. Es wird darauf hingewiesen, dass die Behandlung Ihres Tieres nur durch einen geschulten Tierarzt erfolgen sollte. Der Verlag und die Autorin übernehmen keinerlei Haftung für Personen-, Sach-, oder Vermögensschäden, die aus der Anwendung der vorgestellten Materialien, Methoden und Behandlung entstehen könnten.

Bibliografische Information der Deutschen Bibliothek:
Die Deutsche Bibliothek verzeichnet diese Publikation in der Deutschen Nationalbibliografie; detaillierte bibliografische Daten sind im Internet über http://www.dnd.ddb.de abrufbar.

© MenschHund! Verlag, 2007
An den Wulzen 1
D-15806 Zossen
http://www.mensch-hund-lernen.de
Druck: AZ Druck und Datentechnik GmbH, www.az-druck.de
1. Auflage 2007, Zossen

Alle Rechte vorbehalten
Herstellung, Gestaltung: Ariane Ullrich, Beate Zimmermann

Vorwort

Meine eigene Auseinandersetzung mit dem Thema Schilddrüsenunterfunktion begann 1992 anlässlich eines großen Tierärztekongresses in Amsterdam. Schuld daran waren meine irische Labrador-Dobermann-Mischlingshündin Honey, ein amerikanischer Herzspezialist und der norwegische Kollege und Verhaltensmediziner Torbjörn Owren.

Honey, die ich 1988 im zarten Alter von 6 Wochen während meiner Tätigkeit als Anfangsassistentin in einer nordirischen Großtierpraxis übernommen hatte, war ein überaus athletisches Energiebündel. Ein sehr aktiver Hund, extrem bewegungsfreudig und nicht müde zu kriegen. Bis sie wenige Monate vor ihrem vierten Geburtstag plötzlich anfing, nach knapp einer halben Stunde Spaziergang hinter mir zu laufen und bei warmem Wetter jeden Schattenplatz in Seitenlage zur Verschnaufpause zu nutzen. Mein erster Gedanke ging natürlich Richtung Herzerkrankung. Aber weder Röntgenbild noch EKG zeigten irgendwelche Auffälligkeiten. Nur im Belastungs-EKG war eine Bradykardie feststellbar. Um sicherzugehen, dass wir nichts übersehen hatten, faxten wir das EKG mit kurzem Begleitschreiben zu einem tierärztlichen Kardiologen in die USA. In typisch anglo-amerikanischer kollegialer Höflichkeit gratulierte er uns zu der sorgfältigen Anamnese und Diagnostik und stellte nur eine einzige Frage: „Haben Sie mal an die Schilddrüse gedacht?" Hatten wir bis dahin nicht, nahmen aber sofort Blut und schickten es zur Untersuchung weg.

Am nächsten Tag fuhr ich zur Tagung nach Amsterdam. Dort hörte ich einen Vortrag von Torbjörn Owren über die klinischen Ursachen von Verhaltensauffälligkeiten beim Hund. Während er die typischen Symptome der (mir bis dahin völlig unbekannten) subklinischen Schilddrüsenunterfunktion aufzählte, fragte ich mich ernsthaft: „Woher kennt der Deinen Hund?". Er kannte ihn natürlich nicht, aber er beschrieb die Symptome eines typischen „Schildi" (was das ist, erfahren Sie bei der Lektüre dieses Buches) und Honey war einer. Torbjörn Owren schilderte auch die Schwierigkeiten der Labordiagnostik von Schilddrüsenerkrankungen beim Hund. Dank dieses Vortrags habe ich bei meiner Hündin zwei Tage später angefangen die Schilddrüse zu substituieren, obwohl die Laborwerte vollkommen in der Norm lagen (fT4 1,9 ng/dl und T4 2,4 µg/dl) und die Beurteilung des Labors eine Schilddrüsenerkrankung ausschloss. Innerhalb einer Woche war ihre Leistungsfähigkeit wieder hergestellt. Mit den Verhaltensproblemen hatten wir aus unterschiedlichen Gründen noch lange zu kämpfen. Aus heutiger Sicht vermute ich, dass Honey auch eine Umwandlungsstörung hatte und zusätzlich T3 gebraucht hätte. Inzwischen habe ich viele Schilddrüsenhunde als Patienten kennen gelernt und bei mir selber ist eine Hashimoto Erkrankung festgestellt worden. Ich kenne die Problematik und den häufig damit verbundenen Frust also aus eigener Erfahrung als Hundehalterin, als verhaltenstherapeutisch arbeitende Tierärztin und als betroffene Patientin. Ich wünsche mir, dass dieses Buch den Besitzern, Trainern und Tierärzten von schilddrüsenkranken Hunden hilft, die Krankheit und die daraus entstehenden Verhaltensprobleme besser zu verstehen.

Schilddrüsenfunktionsstörungen sind ein in der Medizin heftig umstrittenes und sehr kontrovers und emotional diskutiertes Thema. Das gilt für den tiermedizinischen Bereich genauso, wie für die Humanmedizin. Ärzte und Tierärzte sind sich darüber einig, dass eine Überfunktion der Schilddrüse eine ernstzunehmende und dringend behandlungsbedürftige Erkrankung darstellt. Der Krankheitswert und damit auch die Notwendigkeit der Behandlung einer Schilddrüsenunterfunktion werden dagegen häufig in Frage gestellt. Dies ist durchaus verständlich. Eine Hyperthyreose (Schilddrüsenüberfunktion) führt sehr schnell zu eindeutigen und schwerwiegenden körperlichen Symptomen. Wird sie nicht behandelt, gerät der Patient relativ schnell in einen lebensbedrohlichen Zustand, weil der Stoffwechsel und das Herz-Kreislauf-System zusammenbrechen.

Im Gegensatz dazu ist die Hypothyreose (Schilddrüsenunterfunktion) eine Krankheit, die sich schleichend entwickelt. Beim Hund dauert es in der Regel mindestens drei bis fünf Jahre, beim Menschen manchmal mehrere Jahrzehnte, bis der Schilddrüsenhormonspiegel so weit abgesunken ist, dass sich eindeutige, klinisch nachweisbare Symptome entwickeln. Da die Schilddrüse Einfluss auf alle anderen Organsysteme hat, ist die Bandbreite der möglichen Symptome und Folgeerkrankungen sehr groß und häufig sehr unspezifisch. Insbesondere Patienten, die zunächst ausschließlich oder überwiegend Symptome im Verhaltensbereich zeigen, werden daher oft nicht richtig eingeordnet. Eine unbehandelte Schilddrüsenunterfunktion führt normalerweise nicht zu akut lebensbedrohlichen Situationen. Sie führt aber häufig zu einer massiven Beeinträchtigung der Lebensqualität (bei verhaltensauffälligen Hunden trifft dies auf Hund und Halter zu) und die Folgeerkrankungen können die Lebenserwartung deutlich verkürzen.

Die schleichende Entstehung und die unspezifische Symptomatik sind zumindest teilweise der Grund für die Schwierigkeiten, die viele Ärzte und Tierärzte mit der Erkennung und Anerkennung der Schilddrüsenunterfunktion, insbesondere in ihrer subklinischen Form haben. Aus denselben Gründen ist die Erkrankung leider auch bestens dazu geeignet, zu einer „Modekrankheit" zu werden, bei deren Verbreitung das Medium Internet unschätzbare Dienste leistet.

Das Buch von Beate Zimmermann ist mehr als ein Selbsthilfebuch von einer betroffenen Hundehalterin für andere betroffene Hundehalter. Es ist sorgfältig recherchiert und eigene Beobachtungen werden, genau wie die Aussagen von Fachleuten, immer wieder kritisch hinterfragt. Das Buch spannt einen Bogen von den wissenschaftlichen Grundlagen von Aufbau und Funktion der Schilddrüse über die Möglichkeiten und Methoden der Diagnostik und Therapie bis hin zu den Erfahrungsberichten betroffener Hundehalter. Es vermittelt fundiertes Wissen in verständlicher Form. Beate Zimmermann hat es geschafft, ein aus vielen Gründen schwieriges Thema so aufzuarbeiten, das ein für Hundehalter und Hundeausbilder, aber auch für Tierärzte interessantes und wichtiges Buch entstanden ist.

Ich habe gerne dazu beigetragen und wünsche dem Buch viele interessierte Leser. Es lohnt sich!

Christiane Wergowski (geb. Quandt)
Baumgarten im Dezember 2007

Einleitung

Als ich meine jetzige Hündin Sina aus dem Tierheim holte, merkte ich schnell, dass sie ganz anders war als alle Hunde, die ich bis dahin gehabt hatte.
Sicher: Sie war ein Altdeutscher Hütehund, im Zwinger ohne Erziehung groß geworden. Dass sie nichts von der Welt draußen kannte, merkte man ihr an. Sie platzte vor Neugierde und Wissensdurst. Alles Neue saugte sie auf wie ein Schwamm und sie lernte rasend schnell.
Aber es gab auch Sachen, die sie partout nicht lernte, zum Beispiel die Sache mit unseren Katzen. Auch war ihr Verhalten völlig unvorhersehbar. Nie konnte man sich sicher sein, zu wissen, was dieser Hund im nächsten Moment tun würde. Stand sie eben noch völlig gelassen neben mir, rannte sie plötzlich ohne jede Vorwarnung mit aller Macht in die Leine. Mehr als einmal hatte das einen Sturz meinerseits oder gerissene Leinen oder Halsbänder zur Folge.

Auf der Suche nach Hilfe, wanderte ich von einer Hundeschule zur nächsten, von einem Trainer zum anderen. Und ich verschlang alles an Hundeliteratur, was ich bekommen konnte.

Nach 2 Jahren landete ich bei einer Tierverhaltenstherapeutin. Diese erkannte die Ursache der Probleme: Schilddrüsenunterfunktion. Seit Sina dann behandelt wurde, besserte sich ihr Verhalten merklich.

Was mir vor der Behandlung noch am besten in Erinnerung ist, ist das Unverständnis der Trainer und Hundeschulen. Obwohl ich alles so machte, wie angeraten, kam ich zum Teil nicht weiter mit Sina. In den Augen der Trainer lag es an mir – und das bekam ich immer wieder zu hören. Immer wieder wird behauptet, dass Hunde mit Schilddrüsenunterfunktion nur schlecht erzogen seien und deren Halter die Krankheit vorschöben oder versuchten mit den Tabletten den Hund ruhigzustellen.
Und: die Unwissenheit des regulär behandelnden Tierarztes, die nicht weiter verwunderlich war, da Sina ja keine typischen klinischen Symptome aufwies und auch die Schilddrüsenwerte alles andere als eindeutig waren.

Ich hoffe, dieses Buch dient auch zur Aufklärung von Hundetrainern und Hundehaltern – und ist vielleicht sogar für den einen oder anderen Tierarzt hilfreich.

Beate Zimmermann

DANKSAGUNG

Ich möchte mich bei allen bedanken, die mir direkt und indirekt bei diesem Buch geholfen haben. Insbesondere die Autoren der Fallbeispiele seien hier nochmals erwähnt.
Ausdrücklich möchte ich mich bedanken bei:
Peter R., der mir bei yorkie-rg.net eine Plattform bot, von der aus ich agieren konnte, Marc J.; der mir mit seinen Anregungen und seiner Kritik eine große Hilfe war; Ariane U., die mich überhaupt erst auf die Idee zu diesem Buch brachte und viel Geduld mit mir hatte; Claus M. und Eva Z., die viel Zeit und Kreativität ins Coverbild steckten und Daniela J. und Mirjam M., die Korrektur lasen, Material sammelten und meine Klagen und schlechten Launen geduldig ertragen haben.

Mein ganz besonderer Dank gilt Dr. Bernauer-Münz und Frau Wergowski (geb. Quandt), beides verhaltenstherapeutisch geschulte Tierärztinnen und Mitglieder der GTVT, die viele nützliche Hinweise lieferten, Detailfragen klärten und Korrektur lasen.

Und vor allem und ganz besonders Sina, die mal wieder an allem Schuld ist.

INHALTVERZEICHNIS

1. DIE SCHILDDRÜSE	**15**
Kurzfassung	15
Die Schilddrüse als Organ – Aufgaben und Funktion	17
Die Schilddrüsenhormone	19
Die Hormone im Detail	19
Bildung der Schilddrüsenhormone	23
Transport und Speicherung der Schilddrüsenhormone	29
Umwandlung und Abbau der Schilddrüsenhormone	34
Besonderheiten beim Hund	36
Der Schilddrüsenregelkreis	37
Übergeordnete Hormone	37
Der Regelkreis	39
Wechselwirkung mit anderen Hormonen und Neurotransmittern	42
Umwelt- und sonstige Einflüsse auf den Regelkreis	43
Einflüsse von Medikamenten	47
2. SCHILDDRÜSENERKRANKUNGEN	**52**
Überblick	52
Schilddrüsenüberfunktion	54
Überblick	54
Kropf, Struma	54
Neubildungen von Gewebe	56
Tumore	56
Symptome der Schilddrüsenüberfunktion	58
Behandlung der Schilddrüsenüberfunktion	59
Schilddrüsenunterfunktion	60
Überblick	60
Primäre Schilddrüsenunterfunktion	61
Idiopathische Follikelatrophie	62
Schilddrüsenentzündung	62
Autoimmunthyreoiditis	63
Jodungleichgewicht	64
Altersatrophie	65
Sekundäre und Tertiäre Schilddrüsenunterfunktion	66
NTI = Non-Thyroidal Illness	67
Schutzfunktion des Körper: reduzierte T3-Bildung	67
Hemmung der Schilddrüse durch schwere Erkrankungen	67

Störungen im Hormonstoffwechsel	68
Iatrogene Einflüsse	69
Sonstiges	69

3. SUBKLINISCHE SCHILDDRÜSENUNTERFUNKTION — 70

Überblick und Begriffserklärung	70
Diagnoseprobleme bei der Subklinischen Schilddrüsenunterfunktion	71
Kritische Anmerkungen zur subklinischen Schilddrüsenunterfunktion	77
Die Untersuchungen von Jean Dodds in Amerika	79
Überblick über die Untersuchungen	80
Autoimmunthyreoiditis und Atrophie	82
Genetische und natale Disposition	83
Erste klinische Symptome und Begleiterkrankungen	83
Verhaltensänderungen	84
Der richtige Hormonlevel	86
Diagnose	87
Behandlung und Medikation	88
Nachuntersuchung	90
Weitere Hinweise	91

4. Diagnose der Schilddrüsenunterfunktion — 92

Anamnese	93
Symptome	94
Verhaltensänderungen	95
Stoffwechsel- und Allgemeinbefinden	95
Blutwerte (außer den Schilddrüsenhormonwerten)	96
Augen	97
Nervensystem / Neuromuskuläre Symptome	97
Herz-Kreislauf / Kardiovaskularsystem	98
Störungen / Veränderungen im Fortpflanzungsbereich	98
Verdauungstrakt / Gastrointestinalsystem	99
Haut- und Fellprobleme	99
Blutuntersuchung	101
Kurzbewertung	103
Cholesterin	104
Der k-Wert	104
Das Hormon T3	105

DAS HORMON T4	106
TSH	107
ANTIKÖRPERTESTS	108
THERAPIEVERSUCH / DIAGNOSTISCHER TEST	110
STIMULATIONSTESTS	111
TSH-STIMULATIONSTEST	111
TRH-STIMULATIONSTEST	112
BILDGEBENDE VERFAHREN	114
SZINTIGRAFIE	114
SONOGRAFIE	114
RÖNTGEN	115
SCHILDDRÜSENBIOPSIE	115

5. DER KRANKE HUND - PRAKTISCHE TIPPS   116

ÜBERBLICK	116
DIE DIAGNOSE	116
MEDIKATION UND ÜBERWACHUNG	117
FOLGEKRANKHEITEN	122
NACHFOLGENDE BLUTUNTERSUCHUNGEN	123
ERNÄHRUNG	124
HALSBAND ODER GESCHIRR?	127
SONSTIGES	128

6. TYPISCH SCHILDI? ODER: DAS DING MIT DEM STRESS   129

ÜBERBLICK	129
SIND SCHILDDRÜSENKRANKE HUNDE ANDERS?	130
DENKBLOCKADE UND "UNFÄHIGE" BESITZER	131
TABLETTEN STATT PROBLEMBEWÄLTIGUNG?	133
WAS IST STRESS?	135
WAS LÖST STRESS AUS, WAS BEEINFLUSST STRESS?	136
HORMONELLE UND NEURONALE REAKTIONEN BEI STRESS	139
STRESSBEWÄLTIGUNG – COPING-MUSTER	142
STRESS UND SCHILDDRÜSE	143
ANZEICHEN VON STRESS	146
UMGANG MIT DEM GESTRESSTEN HUND	149
STEIGERUNG DES SELBSTVERTRAUENS	153
VERHALTENSMUSTER	153
ERLERNTES ENTSPANNUNGSSIGNAL	154
GEZIELTE KÖRPERKONTAKTE	155

Angst und Stimmungsübertragung	156

7. ERFAHRUNGSBERICHTE — 158

Überblick	158
Sina, die Wilde	159
Zafira, die Jägerin	162
Balu, der Bär	164
Rumpy, sensibles Energiebündel mit Charme	168
Paul, Charakterkopf mit Hang zur Melancholie	170
Jack, die „Ängstliche"	171
Chaka, der typische Schilddrüsenhund	174

8. ANHANG — 178

Begriffserklärungen	178
Umrechnungsfaktoren	183
Literaturverzeichnis	184
Stichwortverzeichnis	187

ABBILDUNGSVERZEICHNIS

Abbildung 1: Schilddrüse mit Karzinom	17
Abbildung 2: Dünnschnitt durch die Schilddrüse	18
Abbildung 3: Strukturformel T4 (Thyroxin)	20
Abbildung 4: Strukturformel T3 (Trijodthyronin)	21
Abbildung 5: Strukturformel MIT (oben) und DIT (unten)	22
Abbildung 6: Jodkristall	23
Abbildung 7: Stark vereinfachte Darstellung des Jodkreislaufs	24
Abbildung 8: Follikelzelle	27
Abbildung 9: Hormonbildung (stark vereinfacht und schematisch dargestellt)	28
Abbildung 10: Tyroxin-bindendes Globulin	30
Abbildung 11: Wirkungsweise der Hormone über sekundäre Botenstoffe oder Genexpression	32
Abbildung 12: Kaulquappen	33
Abbildung 13: Axolotl	33
Abbildung 14: Regelkreis Schilddrüse	41
Abbildung 15: Überblick Schilddrüsenerkrankungen	53
Abbildung 16: Beeinflussung der Hormonwerte	74
Abbildung 17: Veranschaulichung zu den Referenzwerten	75
Abbildung 18: Vergleich der (hypothetischen) Hormonkurven zweier Hunde im Tagesablauf	76
Abbildung 19: Schematische Darstellung der Hormonschwankungen	90
Abbildung 20: Diagnoseschritte	92
Abbildung 21: Haarausfall am Rücken	100
Abbildung 22: Pulsmessung am Hinterbein beim liegenden Hund	121
Abbildung 23: Pulsmessung am Hinterbein beim stehenden Hund	121
Abbildung 24: Sonnenbad	128
Abbildung 25: Stresseinflüsse	136
Abbildung 26: Stressreaktionen im Körper	141
Abbildung 27: Stresskreislauf	144
Abbildung 28: Hormon-Gleichgewicht und -Ungleichgewicht	145
Abbildung 29: Angelegte Ohren, lange Mundspalte als Stressanzeichen	146
Abbildung 30: Glotzaugen als Stressanzeichen	148
Abbildung 31: Wegschauen und angelegte Ohren als Stressanzeichen	148
Abbildung 32: Der Kong	151
Abbildung 33: Stoffbox als sichere Höhle	151
Abbildung 34: Zimmerzwinger	151
Abbildung 35: Eine gute Gelegenheit zum Signalaufbau	155
Abbildung 36: Gestresster Hund mit Maulspalte und zurückgezogenen Ohren	157
Abbildung 37: Social Support: die entspannte Stimmung überträgt sich von einem auf den anderen Hund	157
Abbildung 38: Sina	159

Abbildung 39: Zafira	162
Abbildung 40: Balu	164
Abbildung 41: Rumpy	168
Abbildung 42: Paul	170
Abbildung 43: Jack	171
Abbildung 44: Chaka	174

TABELLENVERZEICHNIS

Tabelle 1: Überblick über die Schilddrüsenhormone und deren Aufgaben	16
Tabelle 2: Einflüsse auf die Ausbildung der Schilddrüse	18
Tabelle 3: Überblick: Schilddrüsenhormone - Bildungsorte und Bedeutung	20
Tabelle 4: Biologische Halbwertszeiten der Schilddrüsenhormone bei Mensch und Hund	36
Tabelle 5: Detailaufstellung übergeordneter Hormone	37
Tabelle 6: Auswirkung verschiedener Neurotransmitter und Hormone auf TRH	43
Tabelle 7: Einige Medikamente und Wirkstoffe mit Einfluss auf die Schilddrüse	47
Tabelle 8: Optimalwert und tolerierbare Werte nach Dodds im Vergleich zu Referenzwerten nach Vet-Med-Labor Ludwigsburg	87
Tabelle 9: Orientierender Überblick über mögliche Hormonverschiebungen und Ursachen	103
Tabelle 10: Beurteilung anhand des k-Werts	104
Tabelle 11: Sinas Werte	161
Tabelle 12: Balus Werte	167
Tabelle 13: Rumpys Werte	169
Tabelle 14: Pauls Werte	170
Tabelle 15: Jacks Werte	173
Tabelle 16: Chakas Werte	177

Wichtiger Hinweis:

Im vorliegenden Buch wird versucht, die Zusammenhänge gerade für Laien möglichst einfach und klar darzustellen und die Texte nicht unnötig kompliziert zu gestalten. Dadurch verliert die Darstellung allerdings in einigen Bereichen an Genauigkeit. Ich möchte alle Fachleute bitten, darüber großzügig hinwegzusehen. Kursiv geschriebene Worte werden im Anhang kurz näher erläutert.

1. DIE SCHILDDRÜSE

Kurzfassung

Die Schilddrüse ist ein unscheinbares Organ im Halsbereich. Dennoch ist sie von entscheidender Bedeutung, da sie auf fast alle Organe einen mehr oder weniger großen Einfluss hat. Um zu verstehen, wie sich Schilddrüsenerkrankungen auswirken, ist es daher wichtig, sich zunächst mit der Funktion der Schilddrüse zu befassen.

Die Schilddrüse produziert Hormone. Die Schilddrüsenhormone erfüllen im Körper verschiedene Aufgaben. Üblicherweise bezeichnet man lediglich die Hormone T3 und T4 als Schilddrüsen-Hormone. Diese werden in speziellen Zellkomplexen der Schilddrüse, den sogenannten Follikeln aus Aminosäuren (Eiweißen) und Jod gebildet. Daher ist Jod für die Schilddrüsenfunktion von entscheidender Bedeutung.

Die Produktion der Schilddrüsenhormone wird durch andere Hormone (TRH / TSH) angeregt und geregelt. Zugleich wirken aber auch die Schilddrüsenhormone selbst regulierend auf die Schilddrüse ein. Außerdem beeinflussen verschiedene Faktoren im Körper und in der Umwelt die Hormonproduktion. Dies können z. B. weitere Hormone - wie die Stresshormone - sein oder auch Medikamente oder schwankende Temperaturen und vieles mehr. Diese Einflüsse können in einem gesunden Körper durch den Regelkreis der Schilddrüse bis zu einem bestimmten Umfang verarbeitet und die Hormonproduktion kann so den Erfordernissen angepasst werden.

Hormon	Bildungsort	Aufgabe der Hormone
Schilddrüsehormone: • Thyroxin: T4 • Trijodthyronin: T3	Follikel der Schilddrüse	Beeinflussung des (Zell-)Stoffwechsels im weitesten Sinne
• Reverses Trijodthyronin: rT3	Zielorgane	biologisch inaktive Hormonform, d.h. keine hormonelle Wirkung
• DIT • MIT	Leber	Zwischenstufen beim Abbau
Calcitonin	C-Zellen der Schilddrüse	Calcium-Regulation
Parathormon	Nebenschilddrüse	
TSH	Hypophyse	regt die Schilddrüse an
TRH	Hypothalamus	regt die Hypophyse an

Tabelle 1: Überblick über die Schilddrüsenhormone und deren Aufgaben

DIE SCHILDDRÜSE ALS ORGAN – AUFGABEN UND FUNKTION

Die Schilddrüse befindet sich im Halsbereich. Sie produziert verschiedene lebenswichtige Hormone. Größe und Gewicht der Schilddrüse hängen von mehreren Faktoren ab.

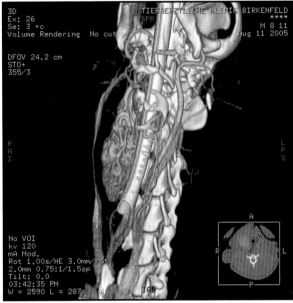

Abbildung 1: Schilddrüse mit Karzinom
(mit freundlichen Genehmigung der TA Klinik Birkenfeld)

Die Schilddrüse (in Abb. 1; aufgrund des Karzinoms gut sichtbar) liegt beiderseits der Speiseröhre in unmittelbarer Nähe des Kehlkopfes.

Bei einigen Tierarten sind die beiden Schilddrüsenhälften miteinander verbunden, bei anderen, z. B. dem Hund, wird diese Verbindung im Laufe der individuellen Entwicklung des Tieres zurückgebildet.

Bei Hunden und Katzen findet sich oft Schilddrüsengewebe außerhalb der Schilddrüse *(ektopisches Gewebe)*, bevorzugt im Bereich der Luftröhre und des Herzens. Dieses Schilddrüsengewebe ist meist hormonell inaktiv. Produziert es aber Schilddrüsenhormone, führt dies zu einer Schilddrüsenüberfunktion, da es dann keiner Regulation unterliegt.

Die Schilddrüse ist von zahlreichen Nerven durchzogen und sehr stark durchblutet, stärker noch als die Nieren. Im Gegensatz zu den meisten anderen Organen besitzt sie ein sehr hohes Regenerationsvermögen: Werden Teile der Schilddrüse verletzt oder entfernt, findet eine Neubildung von Schilddrüsengewebe statt – und zwar so lange, bis die Schilddrüse wieder in vollem Umfang funktionsfähig ist. Diese Neubildung wird durch die *Hypophyse* (Hirnanhangsdrüse im Gehirn) und die von ihr gebildeten Hormone gesteuert.

Die **Größe** und das **Gewicht** der Schilddrüse sind von zahlreichen Faktoren abhängig:

Individuelle Einflüsse	Umwelteinflüsse
Alter	Fütterung
Geschlecht	Haltung
Art / Rasse	Jahreszeit
Funktionsbeanspruchung	Klima
Stoffwechsellage	Geografie
Sexualzyklus, Trächtigkeit	Jodgehalt des Bodens / der Luft

Tabelle 2: Einflüsse auf die Ausbildung der Schilddrüse

Das durchschnittliche Schilddrüsengewicht beträgt beim Hund ca. 1,2 – 1,6 g, beim Menschen dagegen 20 - 30 g. Beim Hund nimmt das Gewicht der Schilddrüse mit der Körpergröße des Hundes zu, allerdings nicht im gleichen Verhältnis. So ist das Gewicht der Schilddrüse bei leichten Hunden relativ höher als bei schweren Hunden.

Die Aufgabe der Schilddrüse ist die Produktion verschiedener Hormone, die Einfluss auf den Gesamtstoffwechsel haben. Einen Überblick über die gebildeten Hormone und ihre Funktion geben Tabelle 1 und Tabelle 3. T3 und T4, also die Hormone, die im Zusammenhang mit Schilddrüsenerkrankungen die größte Bedeutung haben, werden in den Follikeln gebildet und gespeichert. Follikel sind hohlkugelartige Zellzusammenschlüsse im Gewebe der Schilddrüse (siehe Abb. 2).

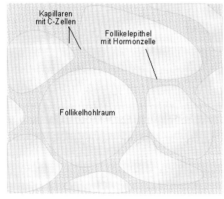

Neben Follikeln gibt es zwei weitere Zelltypen im Bereich der Schilddrüse:

- die parafollikulären oder C-Zellen, die zwischen den Follikeln der Schilddrüse eingebettet liegen und das Hormon Calcitonin produzieren,
- vier Epithelkörperchen (Nebenschilddrüse = Parathyreoidea), die das Parathormon produzieren.

Abbildung 2: Dünnschnitt durch die Schilddrüse
(Mit freundlicher Genehmigung des FIZ CHEMIE Berlin)

Die in diesen Zellen gebildeten Hormone sind zwar auch von wesentlicher Bedeutung für den Körper, aber nicht im Hinblick auf eine Schilddrüsenfehlfunktion.

Die Schilddrüsenhormone

Von der Schilddrüse werden verschiedene Hormone gebildet. Von entscheidender Bedeutung im Hinblick auf eine Schilddrüsenunterfunktion sind dabei die Hormone Thyroxin (T4) und Trijodthyronin (T3). Die weiteren in der Schilddrüse gebildeten Hormone sind im Zusammenhang mit einer Schilddrüsenfehlfunktion weniger relevant.

Die Bildung der Schilddrüsenhormone erfolgt in den Follikeln der Schilddrüse. Zur Hormonbildung ist Jod erforderlich, welches an die Aminosäure Tyrosin gebunden wird.

Der Transport der Schilddrüsenhormone findet im Blut statt, wo sie an Trägerproteine gebunden sind. Die Trägerproteine erfüllen verschiedene Aufgaben.

Der Abbau der Schilddrüsenhormone kann über verschiedene Wege erfolgen. In der Regel erfolgt ein Abbau von T4 im Rahmen der Hormonwirkung über die Zwischenstufe T3.

Die Hormone im Detail

Chemische Verbindung	Bildungsort	Bedeutung
T4 Thyroxin	Schilddrüse	biologisch weniger wirksames Schilddrüsenhormon, daher häufig als Prohormon oder Transportform von T3 bezeichnet eigenständige Wirkungen werden diskutiert, z.B. Haarwachstum
T3 Trijodthyronin	Schilddrüse, aus T4 an Wirkorten (Körperzellen), aus T4 als Abbauprodukt (z. B. Leber)	biologisch sehr wirksames Schilddrüsenhormon, z. B. stoffwechselanregende und genexpressive Wirkung
rT3 reverses T3	Schilddrüse, v. a. aus T4 an Wirkorten (Körperzellen), aus T4 als Abbauprodukt (z. B. Leber)	biologisch nicht wirksames Schilddrüsenhormon, vermehrte Bildung bei schweren Krankheiten anstelle von T3, durch Ruhigstellung des Körpers

Chemische Verbindung	Bildungsort	Bedeutung
MIT 3-Monojodtyrosin DIT 3, 5-Dijodtyrosin	Schilddrüse, aus T4 an Wirkorten (Körperzellen), aus T4 oder T3 als Abbauprodukt (z. B. Leber)	Schilddrüsenhormone ohne Bedeutung bezüglich der Schilddrüsenunterfunktion, Abbauprodukte oder Vorstufen der Schilddrüsenhormone
Calcitonin	C-Zellen der Schilddrüse	reduziert Calcium-Konzentration im Blut
Parathormon	Nebenschilddrüse	erhöht Calcium-Konzentration im Blut

Tabelle 3: Überblick: Schilddrüsenhormone - Bildungsorte und Bedeutung

Die Schilddrüsenhormone werden in der Schilddrüse gebildet, dort gespeichert und je nach Bedarf ins Blut abgeben. In der Regel findet eine kontinuierliche Hormonabgabe statt und die Menge des aus der Schilddrüse (mit den Hormonen) abgegebenen Jods und des aus dem Blut aufgenommenen Jods ist gleich.

"T3 und T4 sind wahrscheinlich die einzigen Hormone, die auf sämtliche Gewebe des Körpers wirken und die umfassendsten Reaktionen auslösen."
Heldmaier / Neuweiler 2002, S. 429

Von der in der Schilddrüse gebildeten und ausgeschiedenen Hormonmenge entfallen rund 80 % auf das **Thyroxin** *(=T4)*. Ein Großteil des T4 wird im jeweiligen Zielorgan, also in den verschiedenen Körperzellen, in T3 umgewandelt. Der Hauptabbauweg von T4 ist somit identisch mit dem Hauptbildungsweg von T3, nämlich der Umwandlung von T4 zu T3 außerhalb der Schilddrüse.

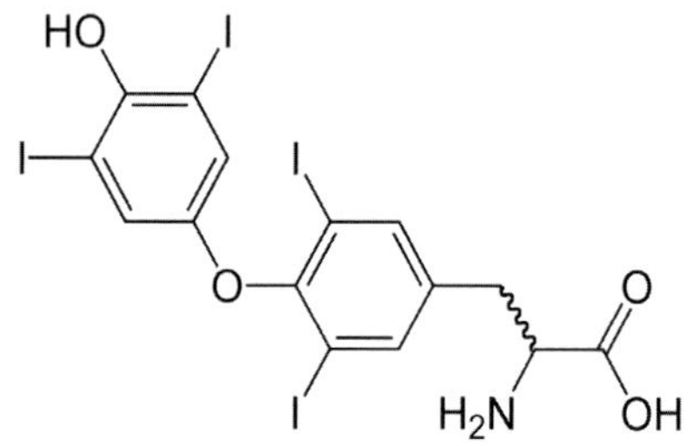

Abbildung 3: Strukturformel T4 (Thyroxin)

Weil ein Großteil des T4 in T3 umgewandelt wird, wird Thyroxin auch häufig als Pro-Hormon oder Transportform für T3 bezeichnet. Allerdings werden T4 aber auch eigenständige Wirkungen zugeschrieben. So fördert Thyroxin zum Beispiel das Haarwachstum. Ferner beeinflusst es die Zellmembran, indem es ihre Durchlässigkeit für Calcium verändert.

Bei einer starken Schilddrüsenüberfunktion kann sich daher eine Thyreotoxikose entwickeln (s. Kap. 2, S. 58) Da die Kinetik und Stoffwechselaktivität der Schilddrüsenhormone auch vom Trägerprotein (s. Kap. 1, S. 29) abhängig ist, ist die biologische Bedeutung von T4 tierartspezifisch unterschiedlich zu beurteilen.

Trijodthyronin oder *Thyronin (T3)* ist ein sehr instabiles Hormon, das schnell abgebaut wird. Deshalb wird der weitaus größte Teil (ca. 80 %) nicht in der Schilddrüse produziert und in den Blutkreislauf entlassen, sondern direkt im Zielorgan (extrathyreoidal) aus T4 gebildet. Dies ermöglicht eine genaue, schnelle und schilddrüsen-

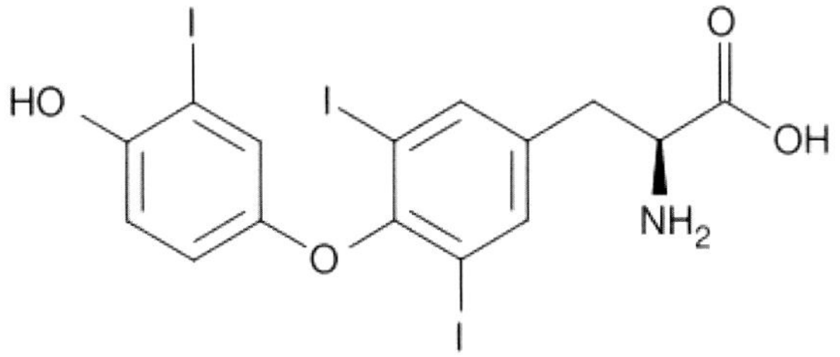

Abbildung 4: Strukturformel T3 (Trijodthyronin)

unabhängige Dosierung des Hormons „vor Ort" im Zielorgan. Die T3 – Konzentration im Blut ist entsprechend gering, und T3 liegt im Blut (wie auch T4) weitgehend gebunden vor: Ein Teil des T3 ist an Erythrozyten gebunden, der größte Teil ist jedoch locker an Trägerproteine (s. Kap. 1, S. 29) gebunden.
Die Umwandlung von T4 zu T3 findet vor allem in der Leber und den Nieren statt, aber auch im Gehirn, im Herz und in der Skelettmuskulatur. Folglich können besonders diese Organe bei einer Schilddrüsenunterfunktion in Mitleidenschaft gezogen werden.
Die Umwandlung erfolgt unter Beteiligung von speziellen Enzymen, welche die Abspaltung von Jod bewirken, den *Dejodasen*. Bei niedrigem T4-Spiegel steigt die Dejodase-Aktivität, so dass trotzdem noch genügend T3 für die Versorgung wichtiger Hirnzentren gebildet werden kann.
Die T3-Bildung wird durch hohe Nahrungszufuhr (Überfütterung) angeregt. Jüngere Tiere haben einen höheren T3-Spiegel, um den hohen Stoffwechselanforderungen des noch schnell wachsenden Organismus gerecht zu werden.
T3 hat eine sehr viel höhere biologische Wirksamkeit (Aktivität) als T4. T3 beeinflusst zum einen den Zellstoffwechsel, indem es die Mitochondrien, die Energiefabriken der Zellen, anregt. Zum anderen beeinflusst es aber auch verschiedene durch den Zellkern gesteuerte Vorgänge, wie z. B. die Proteinbildung. Das heißt, T3 hat *genexpressive Wirkung*. Über die Proteinbildung und die daraus resultierende Stoffwechselbeeinflussung hat T3 auch eine Auswirkung auf das Verhalten. Eine direkte verhaltensbeeinflussende Wirkung ergibt sich zudem aus der Beeinflussung der *Neurotransmitter* im Hirn (z. B. *Serotonin*). Eventuell ist T3 auch selbst als Neurotransmitter wirksam.

Reverses Trijodthyronin *(rT3)* entsteht nur zu einem sehr geringen Anteil in der Schilddrüse selbst, in der Regel wird es ebenso wie T3 im Zielorgan „vor Ort" aus T4 gebildet. rT3 ist die biologisch inaktive, also unwirksame Form des T3. Es wird bevorzugt gebildet, wenn ein herabgesetzter Energieverbrauch für den Organismus notwendig ist. Dies ist zum Beispiel bei einigen schweren und / oder fiebrigen Erkrankungen, Erschöpfungszuständen sowie bei Nährstoffmangel / Futterknappheit der Fall. rT3 wird dann zulasten von T3 gebildet, d.h., eine vermehrte Bildung von rT3 hat eine verminderte Bildung von T3 zur Folge. Durch die daraus folgende Abnahme des T3-Spiegels wird der Grundumsatz des Körpers gesenkt – der Körper arbeitet dann quasi auf „Sparflamme". rT3 besetzt und blockiert zudem Rezeptoren, an die sich normalerweise T3 binden könnte. Man vermutet, dass rT3 die Aufgabe hat, den Körper während des Verlaufs schwerer Krankheiten „ruhigzustellen". Dieses Phänomen ist als „Low-T3-Syndrom" bekannt (s. Kap. 2, S. 68)

3-Monojodtyrosin *(MIT)* und **3,5-Dijodtyrosin** *(DIT)* sind Vorstufen bzw. Abbauprodukte der eigentlich bedeutsamen Schilddrüsenhormone T3 und T4. Ebenso wie diese bestehen sie in der Basis aus einer Aminosäure, an die eine oder zwei Jodatome angelagert wurden (jodierter Tyrosin-Rest).

Auch wenn es Hinweise darauf gibt, dass zum Beispiel DIT im Leberstoffwechsel entscheidende Funktionen hat, können diese Vorstufen im Hinblick auf die Wirkung der Schilddrüsenhormone vernachlässigt werden.

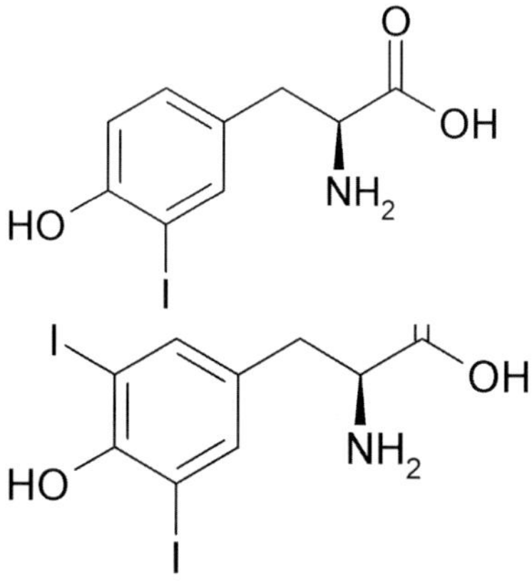

Abbildung 5: Strukturformel MIT (oben) und DIT (unten)

Calcitonin wird in den C-Zellen oder parafollikulären Zellen der Schilddrüse gebildet und ist ein Peptidhormon. Es wird bei einem hohen Calcium-Spiegel (Hypercalzämie) gebildet und reduziert die Calcium-Konzentration im Blut. Hierzu verringert es die Calcium-Freisetzung aus den Knochen und erhöht die Calcium- (und Phosphat-) Ausscheidung der Nieren. Es stellt den Gegenspieler zum Parathormon dar.

Das **Parathormon** (Nebenschilddrüsenhormon, PTH) wird in der Nebenschilddrüse gebildet und stellt den Gegenspieler des Calcitonins dar. Es ist ebenfalls ein Peptidhormon und steigert die Calcium-Konzentration im Blut, indem es die Calciumfreisetzung aus den Knochen erhöht und die Calcium-Rückgewinnung aus dem Primärharn verstärkt. Das Parathormon wirkt zusammen mit Calcitrol, einer Substanz, die aus Vitamin D gebildet wird.

Das Parathormon ist (neben Aldosteron), ein lebensnotwendiges Hormon beim Menschen. Ein Ausfall des Parathormons kann nicht ausgeglichen werden und ist innerhalb kurzer Zeit tödlich.

BILDUNG DER SCHILDDRÜSENHORMONE

> *Jod ist ein essenzielles Spurenelement. Es wird im Körper ausschließlich zum Einbau in die Schilddrüsenhormone verwendet und ist ein unerlässlicher Bestandteil der Schilddrüsenhormone. Sowohl eine Über- als auch eine Unterversorgung mit Jod können zu Schilddrüsenproblemen führen.*
> *Die Bildung und Speicherung der Schilddrüsenhormone erfolgt in der Schilddrüse in den Follikeln unter Beteiligung von Thyreoglobulin. Die Schilddrüsenhormone werden bedarfsgerecht freigesetzt.*
>
> *Zur Vereinfachung wurde im Text nicht zwischen Jodid (also dem oxidierten Jod, wie es im Körper vorkommt) und Jod (elementarem Jod, wie es in der Schilddrüse vorliegt) unterschieden.*

Jod ist ein zentraler Bestandteil der Schilddrüsenhormone. Im tierischen Organismus wird es ausschließlich für den Einbau in die Schilddrüsenhormonen verwendet. Im pflanzlichen Organismus ist es für den Stoffwechsel nicht von Bedeutung. Meeresalgen enthalten dennoch viel Jod, da sie es mit dem Meerwasser aufnehmen. Zum Teil ist das Jod in den Algen als T4 und T3 fixiert.

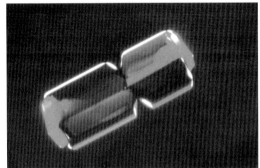

Abbildung 6: Jodkristall (Mit freundlicher Genehmigung von Dr. Alfred K. Schuster und des Geomuseums der TU Clausthal)

Jod ist ein essenzielles Spurenelement. Das heißt, Jod muss regelmäßig von außen aufgenommen werden. In der Regel erfolgt die Jodaufnahme über die Nahrung oder das Trinkwasser. Es existieren einige weitere Aufnahmepfade, z. B. erfolgt in Meeresnähe die Aufnahme über die Luft. Doch diese Pfade sind weniger von Bedeutung.

Das mit der Nahrung aufgenommene Jod wird zum Großteil über den Darm, speziell den Dünndarm, aufgenommen und gelangt ins Blutplasma (s. Abb. 7). Ein geringer Teil des Jods wird nicht aufgenommen, sondern über den Kot wieder ausgeschieden. Die Bioverfügbarkeit ist unter anderem abhängig davon, in welcher Form das Jod vorliegt. Anorganisches Jod wird besser aufgenommen als organisch gebundenes Jod (also Jod in T3 oder T4).

Eine weitere Quelle des im Blutplasma befindlichen Jods sind die Schilddrüsenhormone, bei deren Abbau Jod freigesetzt wird. Den größten Teil des organisch gelösten Jods im Blutplasma stellt das Jod in den Schilddrüsenhormonen selbst dar, hierbei vor allem das in T4, welches rund 65 % Jod enthält.

Rund 90 % des im Blutplasma befindlichen Jods wird aktiv in die Schilddrüse aufgenommen, das heißt, unter Energieverbrauch. Zwar kann auch in anderen Körpergeweben, wie den Speicheldrüsen oder der Magenschleimhaut, Jod angereichert werden, der Hauptteil befindet sich jedoch in der Schilddrüse. Nur dort kann ein Einbau von Jod in die Schilddrüsenhormone erfolgen. Das restliche nicht in die Schilddrüse aufgenommene Jod wird über die Nieren ausgeschieden.

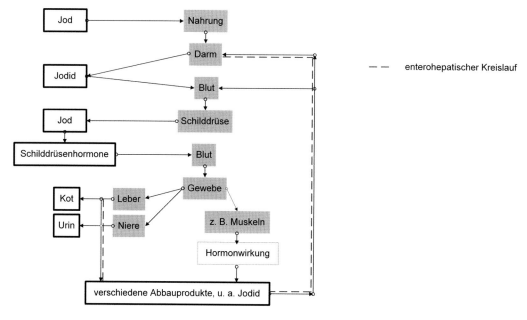

Abbildung 7: Stark vereinfachte Darstellung des Jodkreislaufs

Bei der aktiven, energieverbrauchenden Aufnahme von Jod in die Schilddrüse ist wesentlich eine Substanz (Natrium-Jodid-Symporter, NIS) beteiligt, die durch bestimmte andere Substanzen gehemmt oder aktiviert werden kann. Zum Beispiel wird sie durch Perchlorat gehemmt und durch *TSH* stimuliert.

Die Jodaufnahme in die Schilddrüse ist abhängig von der Jod-Konzentration im Blutplasma des sie durchströmenden Blutes. Ist viel Jod im Plasma, wird auch viel Jod aufgenommen. Es existiert also ein Gleichgewicht. Eine Regulierung der Jodaufnahme erfolgt über die Durchblutung der Schilddrüse – also die Blutmenge, die je Zeiteinheit die Schilddrüse durchfließt. Die Durchblutung der Schilddrüse ist dabei direkt vom Jodgehalt des Blutplasmas abhängig:

- Jodarme Nahrung und also eine geringe Jodmenge im Plasma - und somit Jodmangel - fördert die Durchblutung der Schilddrüse und dadurch die Jodaufnahme.
- Jodreiche Nahrung bzw. dadurch eine hohe Jodplasmakonzentration hemmt die Durchblutung der Schilddrüse und reduziert somit die Aufnahme von Jod.

Dieses Gleichgewicht wird jedoch von weiteren Faktoren beeinflusst. Besonders viel Jod wird in der Schilddrüse gespeichert

- bei einer Schilddrüsenüberfunktion, da zur vermehrten Hormonbildung viel Jod gebraucht wird, sowie
- bei Schilddrüsenunterfunktion, die durch Wirkstoffe bedingt ist, welche die Hormonbildung und somit den Jodeinbau verhindern.

Bei extrem hoher Jodkonzentration im Plasma wird die Durchblutung der Schilddrüse massiv reduziert. Die Jodaufnahme in die Schilddrüse sowie die Bildung und Ausschüttung der Schilddrüsenhormone werden völlig gehemmt. Hierdurch wird eine Überproduktion von Schilddrüsenhormonen verhindert. Diesen Effekt nennt man in Bezug auf die reduzierte Bildung der Schilddrüsenhormone Wolff-Chaikoff-Effekt und hinsichtlich der verminderten Freisetzung der Schilddrüsenhormone Plummer-Effekt.

Im Normalfall ist diese Hemmung aber nur kurzzeitig und wird durch das Escape-Phänomen aufgehoben: Trotz weiterhin hoher Jodzufuhr wird wieder Jod in die Schilddrüse aufgenommen und in die Hormone eingebaut. Der Körper passt sich an die hohen Jodkonzentrationen an. Liegt jedoch eine Störung vor und tritt das Escape-Phänomen nicht ein, entsteht eine Schilddrüsenunterfunktion aufgrund eines Jodüberschusses. Es werden dauerhaft die Jodaufnahme in die Schilddrüse sowie die Hormonbildung verhindert.
Die Mechanismen des Wolff-Chaikoff-Effekts sind noch nicht vollständig aufgeklärt. Es gibt aber Hinweise darauf, dass die Schilddrüsenhormone selbst (besonders T3) wesentlich damit zusammenhängen.

In Ländern mit einer hohen Jodversorgung, wie zum Beispiel Japan oder den USA, werden im Humanbereich häufig zu hohe Konzentrationen von *Schilddrüsen-Autoantikörpern* festgestellt. Diese führen langfristig zur Zerstörung des Schilddrüsengewebes.

Es gibt auch bei Hunden Hinweise darauf, dass sowohl Futter mit zu niedrigem als auch Futter mit zu hohem Jodgehalt Schilddrüsenerkrankungen hervorrufen kann. Hier ist insbesondere die Entwicklung von Schilddrüsen - Autoimmunkrankheiten oder zumindest Schilddrüsen - Autoimmunphänomenen zu nennen. Die in der Literatur genannten Bedarfsangaben für eine optimale Jodversorgung bei Hunden schwanken allerdings sehr stark und sind mit unterschiedlichen Bezugsgrößen aufgeführt. Dementsprechend sind auch die Dosisempfehlungen für Jod sehr breit gestreut.

Wenn Hunde von einem Futter mit relativ hohem Jodgehalt auf ein Futter mit geringerem Jodgehalt umgestellt werden, passt sich der Organismus nur sehr langsam an die verminderte Jodzufuhr an. Es kann zu einer temporären Schilddrüsenunterfunktion kommen. Die Anpassung des Körpers kann, je nach Jodmengendifferenz, von 2 - 3 Tagen bis zu einem Jahr dauern.

Die Ausscheidung von Jod erfolgt im Wesentlichen über Kot und Harn. Die mit dem Kot ausgeschiedene Menge ist gleichmäßig hoch, unabhängig von der zugeführten Menge. Das hierbei ausgeschiedene Jod stammt vermutlich größtenteils direkt aus der Nahrung sowie aus dem Abbau der Schilddrüsenhormone.

Die mit dem Harn ausgeschiedene Menge ist dagegen direkt abhängig von der Jod - Plasmakonzentration und somit von der Jodaufnahme. Allerdings gibt es keinen Schwellenwert: Es wird immer Jod über den Harn ausgeschieden, selbst wenn Jodmangel im Körper besteht.

Stillende Mütter geben einen Teil des Jods über die Milch ab und damit an ihren Nachwuchs weiter. Bei Hunden ist eine Vorstufe der Schilddrüsenhormone in der Milch nachweisbar.

Das mit der Nahrung aufgenommene Jod wird zum Teil in die Follikel der Schilddrüse transportiert. Hier erfolgt die Bildung der Schilddrüsenhormone in verschiedenen Schritten. Die Schilddrüsenhormone können dann je nach Bedarf ins Blut abgegeben werden. In den Follikeln befindet sich *Thyreoglobulin*. Hierbei handelt es sich um ein großes Proteinmolekül (Eiweißmolekül), in dem die Aminosäure *Tyrosin* zahlreich enthalten ist. Dieses eingebundene Tyrosin bildet die Grundlage für die Bildung der Schilddrüsenhormone. Die Schilddrüsenhormone sind also Hormone auf der Basis der Aminosäure (L-)Tyrosin.

In den Follikeln wird das Jod an das Tyrosin gebunden (s. Abb. 9). Hierbei können entweder ein oder zwei Jodatome je Tyrosinmolekül gebunden werden (Jodierung), wodurch entweder *MIT* (Mono-Jod-Tyrosin, enthält ein Jodatom) oder *DIT* (Di-Jod-Tyrosin, enthält zwei Jodatome) gebildet wird. Während dieser Prozess in der Zellwand der Follikel stattfindet, wird die endgültige Hormonbildung, nämlich die Verknüpfung der jodierten Tyrosine, in einem zweiten Schritt im Follikel-Inneren (im

Lumen) durchgeführt. Hierzu werden jeweils zwei jodierte Tyrosinmoleküle verknüpft.
Je nachdem, wie viel Jod nun im Gesamtmolekül vorhanden ist, ergibt sich dadurch T3 (MIT + DIT) oder T4 (zweimal DIT). Es wird deutlich mehr T4 als T3 gebildet: Auf ein T3-Molekül kommen in den Follikeln rund 13 T4-Moleküle.

Die so gebildeten Schilddrüsenhormone befinden sich zunächst noch im Inneren der Follikel und sind im Thyreoglobulin gebunden. Dies nennt man das extrazelluläre Hormondepot der Schilddrüse. In ihm werden 90 % des im Körper vorhandenen Jods (gebunden an das Thyreoglobulin) gespeichert. Beim Menschen reicht dieses Depot im Normalfall aus, um ohne weitere Jodzufuhr ca. 2 Monate lang die Schilddrüsenfunktion aufrecht erhalten zu können.

Das *Thyreoglobulin* mit dem an Tyrosin gebundenen Jod stellt somit die Speicherform der Schilddrüsenhormone in den Follikeln dar.

Zur Freisetzung der Hormone wandert das Thyreoglobulin mit dem darin enthaltenen jodierten Tyrosin aus dem Follikelinneren an die Wand der Follikel (s. Abb. 8). Dort werden die miteinander verbundenen jodierten Tyrosine durch Spaltung des Thyreoglobulins freigesetzt und nach außen ins Blut abgegeben. Je nachdem, wie viel Jod insgesamt gebunden ist, wird so T3 oder T4 freigesetzt. Die Freisetzung der Schilddrüsenhormone erfolgt bedarfsbezogen.

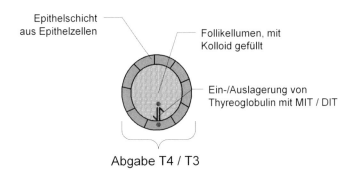

Abbildung 8: Follikelzelle

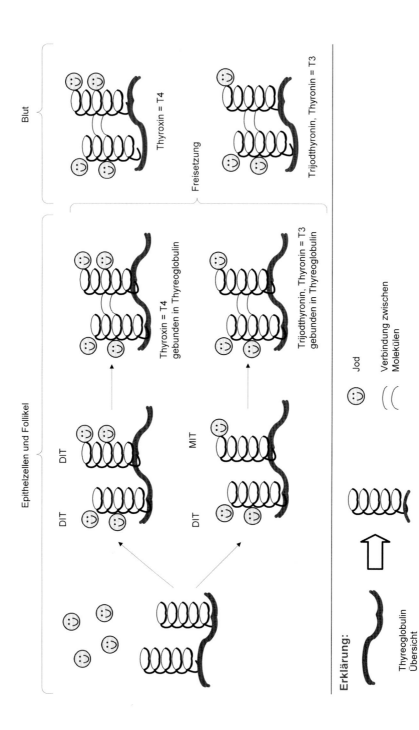

Abbildung 9: Hormonbildung (stark vereinfacht und schematisch dargestellt)

TRANSPORT UND SPEICHERUNG DER SCHILDDRÜSENHORMONE

> *Im Blut sind die Schilddrüsenhormone an Trägerproteine gebunden. Diese erfüllen zum einen eine Transportfunktion und verzögern außerdem den Abbau und die Ausscheidung der Hormone, so dass ein Hormondepot im Blut aufrechterhalten werden kann. Die Transportproteine ermöglichen zudem den gezielten Zugang zum Zielorgan.*
> *Die Schilddrüsenhormone können im Körper kurzzeitig an verschiedenen Stellen gespeichert werden.*

Schilddrüsenhormone sind lipophil, das heißt, sie lösen sich sehr gut in Fett, jedoch nicht in Wasser. Die Hormone müssen aber mit dem Blut zu den Zielorganen transportiert werden. Blut besteht zu rund 55 % aus Wasser und ist daher nicht sehr gut geeignet, lipophile Substanzen zu transportieren. Daher sind die Hormone zum Transport innerhalb des Körpers an *Trägerproteine* gebunden.

Die Bindung an die Trägerproteine hat noch weitere Vorteile:

Die Trägerproteine stellen sicher, dass die Hormone zu den spezifischen Zielorganen gelangen: Die Zielorgane haben spezielle Erkennungsstellen (Rezeptoren) für die Trägerproteine. An diesen können die Trägerproteine „andocken", so dass eine selektive und erleichterte Aufnahme der Hormone in diese Organe möglich ist. Die Aufnahme in unpassende Organe oder gar eine frühzeitige Aufnahme durch die Leber und der dortige Abbau werden somit erheblich vermindert. Die Bindung erhöht also die biologische *Halbwertszeit*. Durch den verminderten Abbau der Hormone wird die Ausscheidung über die Nieren und somit den Urin reduziert. Nur ein sehr geringer Teil der Hormone (0,5 %) liegt im Blutplasma frei vor, also ohne Bindung an die Trägerproteine.

Die gebundenen Schilddrüsenhormone stellen zudem ein schnell verfügbares Hormondepot außerhalb der Schilddrüse dar.

Bei Säugetieren sind drei Trägerproteine zu finden:

1. Thyroxin-bindende Globuline (TBG, s. Abb. 10)
2. (Thyroxin-bindende) Präalbumine (TBPA, Transthyretin)
3. Albumin

Ein Teil des T3 ist auch an *Erythrozyten* gebunden.

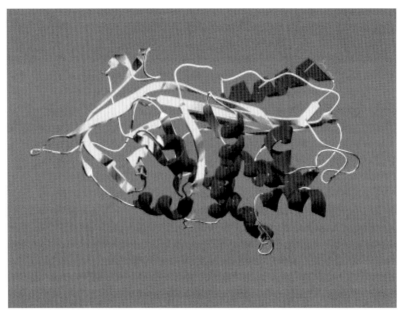

Abbildung 10: Thyroxin-bindendes Globulin (mit freundlicher Genehmigung von Prof. Dr. O. Jannssen)

Die drei Trägerproteine haben unterschiedliche Fähigkeiten, die einzelnen Schilddrüsenhormone zu binden, sowohl hinsichtlich der Festigkeit der Bindung als auch hinsichtlich der Menge der gebundenen Hormone. Die bevorzugten Trägerproteine sind bei den einzelnen Tierarten verschieden – und somit auch die Verfügbarkeit und Kinetik der Schilddrüsenhormone. Die Globuline kommen zum Beispiel bei Vögeln und Reptilien nicht vor. Einen Unterschied hinsichtlich der biologischen Bedeutung von T3 und T4 gibt es daher bei ihnen nicht

Die aus der Schilddrüse freigesetzten Hormone können an drei Orten gespeichert werden:

- im Blutplasma: Die Schilddrüsenhormone sind hier vorwiegend an Trägerproteine gebunden, nur ein sehr geringer Anteil liegt ungebunden (frei) vor. Bei einem Großteil der im Plasma gespeicherten Hormone handelt es sich um T4.
- in der Flüssigkeit zwischen den Körperzellen (interstitielle Flüssigkeit),
- in den Körperzellen (intrazellulärer Raum): Hier liegen die Hormone ungebunden vor. Der Großteil des T4 ist dort zu T3 umgewandelt, so dass im Wesentlichen T3 in den Körperzellen zu finden ist.

AUFGABE UND WIRKUNG DER SCHILDDRÜSENHORMONE

> *Die wichtigsten Schilddrüsenhormone sind T3 und T4. Die aus der Schilddrüse freigesetzte T4-Menge sowie die im Blut zirkulierende Menge sind bedeutend größer als die T3-Menge. T3 hat jedoch die größere biologische Wirksamkeit. Die Hormone wirken in allen Körpergeweben. Ihre Hauptaufgabe ist im sich entwickelnden Körper die Wachstumssteuerung, im ausgewachsenen Körper die Regulation des Stoffwechsels. In der einzelnen Körperzelle greifen die Hormone in ihrer Wirkung sowohl am Zellkern als auch im Zellstoffwechsel an.*

Die wichtigsten Schilddrüsenhormone sind Thyroxin *(T4)* und Trijodthyronin *(T3)*. T3 hat die größere biologische Bedeutung. Es wird davon ausgegangen, dass 85 - 90 % der hormonellen Wirkung auf T3 zurückzuführen ist und lediglich 10 - 15 % auf T4. Durch Umwandlung des weniger aktiven T4 in das hoch aktive T3 wird eine schnelle situationsbezogene Hormonverfügbarkeit „vor Ort" realisiert.

Die Schilddrüsenhormone werden ins Blut abgegeben und können auf alle Gewebe des Körpers einwirken. Die Wirkung in den jeweiligen Zielgeweben und Organen kann zeitlich in zwei Phasen eingeteilt werden:

- **Sofortphase:** Über die Erhöhung des Sauerstoffverbrauchs der Zellen wird der Stoffwechsel angeregt, das führt zu Wärmeproduktion.

- **Protrahierte Phase:** langfristiger Effekt der *genexpressiven Wirkung* (s. Abb. 11) T3 aktiviert den Zellkern und bewirkt eine gesteigerter Protein- bzw. Enzymbildung sowie eine Steigerung der Enzymaktivität und des Kohlenhydratstoffwechsels. (Kohlenhydrate dienen dem Körper als kurzfristige Energielieferanten.)

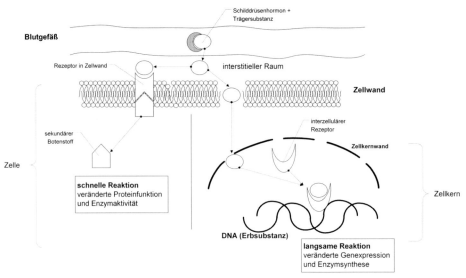

Abbildung 11: Wirkungsweise der Hormone über sekundäre Botenstoffe oder Genexpression

Die Schilddrüsenhormone haben eine wichtige Funktion bei Wachstum und Entwicklung. So können *Wachstumshormone* nur im Zusammenspiel mit den Schilddrüsenhormonen wirksam werden und z. B. Einfluss auf die Proteinsynthese ausüben. Im wachsenden Körper ist daher die Konzentration der Schilddrüsenhormone zwei- bis fünffach höher als im ausgewachsenen Körper.

Je nach individuellem Entwicklungsstand des Lebewesens regulieren die Schilddrüsenhormone verschiedene Vorgänge im Körper. Je jünger die Tiere sind, desto schwerwiegender wirkt sich ein Mangel an Schilddrüsenhormonen aus. Beim Embryo sind die Schilddrüsenhormone sehr stark am Aufbau des Nervensystems, der Entwicklung des Gehirns und auch des Verdauungstraktes beteiligt. Ferner spielen sie eine wichtige Rolle bei der Lungenreifung. So führt ein vorgeburtlicher Mangel an Schilddrüsenhormonen zu *Kretinismus*, d. h., einer gestörten Entwicklung von Skelett und Zentralem Nervensystem.

In der sogenannten kritischen Phase nach der Geburt reagiert das Gehirn sehr empfindlich auf Schwankungen der Schilddrüsenhormonkonzentrationen. In dieser Phase findet die wesentliche Grundstrukturierung und Ausreifung des Gehirns statt.

Die kritische Phase liegt bei Hunden je nach Rasse ungefähr zwischen der dritten und sechzehnten Woche.

> „Bereits während der Embryonalentwicklung wird die Funktion des Zentralnervensystems von Hormonen beeinflusst."
>
> Schmidt-Nielsen 1999, S 436

Besonders deutlich wird die differenzierungsregulierende Wirkung der Schilddrüsenhormone bei der Umwandlung von Kaulquappen zu Fröschen: Fehlen Kaulquappen die Schilddrüsenhormone, z. B. weil man ihnen im Tierversuch die Schilddrüse entfernt hat, findet keine Umwandlung zum Frosch statt. Die Tiere bleiben im Kaulquappenstadium.

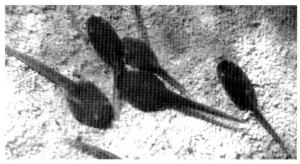

Abbildung 12: Kaulquappen

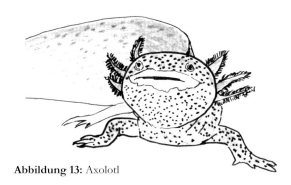

Abbildung 13: Axolotl

Bei der in Mexiko beheimateten Salamanderart Axolotl (s. Abb. 13) dagegen findet ganz regulär nur eine unzureichende Umwandlung von der Larvenform (Kaulquappe) zum erwachsenen Tier statt. Dieses Phänomen wird als *Neotenie* bezeichnet und ist auf eine Unterfunktion der Schilddrüse zurückzuführen. Ursache der regulären Schilddrüsenunterfunktion beim Axolotl ist ein Jodmangel im natürlichen *Habitat*. Eine vollständige Umwandlung des Axolotls zum Landlebewesen kann man im Tierversuch erreichen, wenn zum richtigen Zeitpunkt Schilddrüsenhormone zugeführt werden. Diese umgewandelten Tiere haben jedoch nur eine geringe Lebenserwartung.

Auch im ausgewachsenen Körper haben die Schilddrüsenhormone noch einen bedeutenden Einfluss auf das Wachstum und die Entwicklung von Gewebe, zum Beispiel bei (Körper-)Wachstum, Bildung der Zähne, Knochenwachstum, Wachstum von Hörnern und Geweihen, Mauser der Vögel sowie dem Fellwechsel der Säuger. Die Schilddrüsenhormone sind aber auch an der Regulierung zahlreicher anderer Vorgänge beteiligt. Sie haben eine sehr große Bedeutung für die Wärmeregulierung der Wirbeltiere, besonders der Gleichwarmen (Endothermen):

Auf zellulärer Ebene steigern sie den Grundumsatz, indem sie die Zellatmung, den Sauerstoffverbrauch der Zelle und die Stoffwechselrate anregen. Hierdurch wird die Wärmeproduktion erhöht.

Die Schilddrüsenhormone haben eine direkte Wirkung auf den Gesamtstoffwechsel (*Metabolismus*):

Sie steigern bei den Gleichwarmen den Basalstoffwechsel und beschleunigen den Nahrungstransport durch den Darm. Außerdem sind Sie wesentlich an der Aufnahme und Umsetzung der Nahrungsbestandteile beteiligt:

- Sie regen die Produktion verschiedener *Enzyme* in der Leber an und lösen dadurch unterschiedliche weitere Stoffwechselreaktionen aus.
- Sie fördern die Aufnahme und die Bereitstellung von Glucose und steigern deren Umsatz.
- Der Fettstoffwechsel wird gesteigert, sowie die Umwandlung von *Cholesterin* in Gallensalze.
- Die Eiweißsynthese wird gefördert und damit der Proteinumsatz gesteigert.
- Die Aufnahme von Vitamin A wird beschleunigt.

Bei den Organen und Geweben kann besonders in Leber, Niere, Herz sowie der Skelettmuskulatur und dem Nervensystem eine Wirkung der Schilddrüsenhormone festgestellt werden. Über ihren Einfluss auf das vegetative Nervensystem ergibt sich auch eine Auswirkung auf die Herzfrequenz. Die genannten Gewebe werden durch die Schilddrüsenhormone auf die Wirkung anderer Hormone „vorbereitet". Schilddrüsenhormone stimulieren außerdem die Bildung der *Erythrozyten*.

UMWANDLUNG UND ABBAU DER SCHILDDRÜSENHORMONE

> *Der Abbau der Schilddrüsenhormone erfolgt über verschiedene Stoffwechselwege. Beim Hund ist vor allem der Hormonabbau in der Leber von Bedeutung. Die Ausscheidung der Abbauprodukte erfolgt je nach Abbauort über Urin oder Kot.*

Der Abbau der Schilddrüsenhormone erfolgt über verschiedene Pfade, wobei die Konversion von T4 zu T3 von besonderer Bedeutung ist:

Für T4 ist die Umwandlung zu T3 bzw. *rT3* durch Jodentzug (Dejodierung) der Hauptabbauweg. In der Regel wird bedeutend mehr T3 gebildet als rT3. Lediglich im Falle einer schweren Grunderkrankung wird vermehrt rT3 gebildet (s. Kap. 2, S. 67) Störung im Hormonstoffwechsel). Durch diese Umwandlung (Konversion) von T4 in T3 / rT3 werden rund 70 – 90 % des zirkulierenden T3 (rT3) gebildet.

Der Jodentzug kann in allen Körpergeweben erfolgen, ist aber in Leber und Niere besonders ausgeprägt. T3 ist als Hormon wirksam, rT3 wird weiter abgebaut. Die beim weiteren Abbau entstehenden Produkte sind biologisch nur wenig aktiv. Das Jod und die anderen Abbauprodukte werden zum Teil ausgeschieden, zum Teil über den Darm wieder aufgenommen. Dies trifft vor allem auf das Tyrosin zu.

Besonders bei Infektionen wird T4 über einen ansonsten unbedeutenden Weg unter Umgehung der T3-/ rT3-Bildung abgebaut, so dass die Menge an T3 / rT3 insgesamt sinkt.

Der größte Teil von T3 und T4 wird in die Körperzellen aufgenommen und erfüllt dort seine Funktion als Hormon. Hierbei wird Jod freigesetzt, welches in der Schilddrüse wieder Verwendung findet. Nur ein geringer Teil des beim Abbau frei werdenden Jods wird über Kot und Urin ausgeschieden.

In der Leber und einigen anderen Organen können die Schilddrüsenhormone auch über andere chemische Prozesse als die Dejodierung abgebaut werden. Besonders beim Hund hat der Hormonabbau in der Leber und die teilweise Wiederaufnahme der Abbauprodukte über den Darm eine bedeutende Funktion bei der T4-Regulation (enterohepatischer Kreislauf). Beim Menschen hingegen ist dieser Weg weniger bedeutsam.

Besonderheiten beim Hund

Der Schilddrüsen-Hormonstoffwechsel ist bei Hunden bedeutend reger als beim Menschen und somit ist auch die Hormonverteilung im Körper schneller als beim Menschen. Daraus ergeben sich ein sehr viel höherer Jodstoffwechsel und ein höherer Umsatz des Jods in der Schilddrüse. Mehr als die Hälfte des in die Schilddrüse aufgenommenen Jods wird wieder in die Blutbahn abgegeben. Hunde haben daher, im Gegensatz zum Menschen, einen relativ hohen Jodgehalt im Blutplasma.

Anders als Menschen haben Hunde jedoch keine effektive Jodspeicherung. Daher ist der Jodbedarf beim Hund, relativ gesehen auf das Körpergewicht höher. Gegenüber einer Jodüberversorgung sind Hunde vergleichsweise tolerant.

Von besonderer Bedeutung ist, dass Hunde auch keine effektive Hormonspeicherung besitzen. Auf das Körpergewicht bezogen, haben sie daher eine sehr viel höhere T3- und T4-Produktion als der Mensch. Dennoch sind die T3- und T4-Konzentrationen im Plasma niedriger als beim Menschen, da die Hormone kürzere *biologische Halbwertszeiten* haben.

Hormon	biologische Halbwertszeit	
	Mensch	Hund
T4	7 - 8 Tage	12 Stunden
T3	19 Stunden	6 Stunden

Tabelle 4: Biologische Halbwertszeiten der Schilddrüsenhormone bei Mensch und Hund

Beutegreifer und / oder Allesfresser (wie der Hund) nehmen normalerweise über ihre Nahrung ausreichend Jod sowie in gewissem Umfang auch Schilddrüsenhormone auf. Es ist daher verständlich, dass Hunde gegenüber Überdosierungen von Jod und den Schilddrüsenhormonen toleranter als Menschen sind. Aufgrund der normalerweise konstanten Zufuhr bzw. Produktion der beiden Komponenten benötigen sie keine effektiven Speichermöglichkeiten. Daraus ergibt sich aber auch, dass sie gegenüber Unterversorgung relativ intolerant sind.

Die Ausscheidung von T3, T4 und deren Abbauprodukten über den Kot ist bei Hunden deutlich höher als bei Menschen. Der enterohepatische Kreislauf, also der Abbau in der Leber und die Wiederaufnahme eines Teils der Abbauprodukte über den Darm, stellt somit einen wesentlichen Regulationsmechanismus bei der T4-Ausscheidung dar.

DER SCHILDDRÜSENREGELKREIS

> *Die Produktion und Ausschüttung der Schilddrüsenhormone erfolgt bedarfsgerecht. Zahlreiche Faktoren beeinflussen die Aktivität der Schilddrüse sowie Bedarf, Ausschüttung und Wirkung der Hormone. Die Bildung der Schilddrüsenhormone wird durch einen fein abgestimmten Regelkreis beeinflusst. Neben den übergeordneten Hormonen (TSH und TRH) wirken über negative Rückkopplung auch die Schilddrüsenhormone auf diesen Regelkreis ein. An körperfremden Einflüssen sind vor allem der Tagesrhythmus und die klimatischen Bedingungen zu nennen. Innerhalb des Körpers sind zum Beispiel die jeweilige Stoffwechselaktivität, das Stressniveau, der übrige Hormonspiegel und der Ernährungszustand von Bedeutung. Einzelne Substanzen wie z. B. Selen, Zink oder bestimmte Medikamente können sich sehr deutlich auf die Schilddrüsenaktivität auswirken.*

ÜBERGEORDNETE HORMONE

	Chemische Verbindung	Bildungsort	Bedeutung
TSH	Thyreotropin	Adenohypophyse	steigert die Schilddrüsenaktivität
TRH	Thyrotropin-Releasing-Hormon	Hypothalamus	wirkt aktivierend auf die Adenohypophyse und darüber auf die Schilddrüse

Tabelle 5: Detailaufstellung übergeordneter Hormone

Die Regulierung der Schilddrüsenaktivitäten erfolgt sowohl durch Nervenleitungen als auch durch Hormone übergeordneter Hormondrüsen. Hierbei tritt ein *Kaskadeneffekt* ein, d.h., die Wirkung der durch Hormone ausgelösten Reaktionen nimmt mit jedem Schritt zu, es findet also schrittweise eine Verstärkung statt.

TSH wird auch als Schilddrüsenstimulierendes Hormon, thyreotropes Hormon oder Thyreotropin bezeichnet. Es wird in der *Hypophyse* (Hirnanhangsdrüse), genauer: in deren Vorderlappen, der *Adenohypophyse* ‚gebildet. Wie die meisten der dort gebildeten Hormone steuert TSH die Bildung weiterer Hormone. Hormone, die weitere Hormondrüsen steuern, nennt man *glandotrope Hormone*.

TSH beeinflusst die Bildung der Schilddrüsenhormone, hat aber auch zahlreiche weitere Aufgaben und Regulationsfunktionen rund um die Schilddrüse. Zum Beispiel hat TSH Einfluss auf:

- die Bildung der Schilddrüsenhormone T3 und T4,
- die Freisetzung der Hormone T3 und T4 aus den Follikelzellen der Schilddrüse,
- das Wachstum und den Stoffwechsel der Follikelzellen der Schilddrüse,
- die Blutversorgung der Schilddrüse,
- die Bildung von Thyreoglobulin,
- die Jodaufnahme in die Schilddrüse.

Normalerweise wird TSH periodisch und angepasst an den ungefähren Tag-/Nachtrhythmus abgegeben. Der Gipfel liegt kurz vor dem abendlichen Einschlafen. Bei Schilddrüsenerkrankungen kann dieser Rhythmus gestört sein.
Die Serumkonzentration von TSH wird beeinflusst

- in geringem Umfang durch die negative Rückkopplung der Schilddrüsenhormone auf die Hirnanhangsdrüse,
- durch die negative Rückkopplung der Schilddrüsenhormone auf das Zwischenhirn *(Hypothalamus)* und die davon beeinflusste TRH-Sekretion,
- durch die neuronal beeinflusste TRH-Sekretion.

TRH wird als TSH-Releasing-Hormon (Thyreoliberin, Protirelin) bezeichnet, also als TSH-freisetzendes Hormon. TRH wird im Zwischenhirn, dem *Hypothalamus,* gebildet und gelangt über eine direkte Blutbahn, das Pfortadersystem, vom Hypothalamus in den Vorderlappen der Hirnanhangsdrüse (*Adenohypophyse*). Da aufgrund dieser direkten Verbindung keine Abgabe in den regulären Blutkreislauf erforderlich ist, ist die TRH-Konzentration im Körper stark unterschiedlich.
TRH fördert / bewirkt:

- die Freisetzung von TSH aus der Hirnanhangsdrüse.
- die Ausschüttung von *Prolaktin.*
  (Durch Dopamin wird die Ausschüttung von Prolaktin gehemmt.)

Die Freisetzung und Wirkung von TRH wird von zahlreichen Faktoren beeinflusst. Hier nur ein kurzer Überblick der später genauer besprochenen beeinflussenden Faktoren:
- externe Faktoren: Kälte, Stress,
- *Neurotransmitter*: Substanzen, welche die Signalübertragung zwischen den Nerven übernehmen,
- Hormone: z. B. Rückkopplung über die Schilddrüsenhormone.

DER REGELKREIS

> *Neben der Regulierung der Schilddrüse durch die übergeordneten Hormone TSH und TRH erfolgt auch eine Regulierung über die im Blut zirkulierenden Schilddrüsenhormone. Durch die Regulierung können sowohl die verschiedenen Anforderungen des Körpers in bestimmten Situationen berücksichtigt werden als auch verschiedenste Umwelteinflüsse.*

Die Produktion und Abgabe der Schilddrüsenhormone erfolgt in einem Regelkreis. Es erfolgt ständig ein Abgleich zwischen dem Bedarf und den verfügbaren Hormonen. Innerhalb bestimmter Grenzen kann so die Hormonproduktion und -abgabe bedarfsgerecht erfolgen. Erst wenn die Grenzen der Regulation überschritten sind oder einzelne Komponenten des Regelkreises fehlen (z. B. bei Jodmangel) oder krank oder beschädigt sind (z. B. die Schilddrüse) ist eine bedarfsgerechte Regulation nicht mehr möglich.

Die auf den Regelkreis einwirkenden Faktoren können entweder aus dem Körper (z. B. Hormonbedarf aufgrund von Wachstum) oder der Umwelt stammen (z. B. Kälte). Die beeinflussenden Faktoren können aber auch direkt aus dem Regelkreis heraus auf diesen einwirken. So wirkt eine relativ hohe Hormonkonzentration hemmend auf die weitere Hormonneubildung (negative Rückkopplung).
Der sich aus den relevanten Einflüssen ergebende Hormonbedarf wird mit der vorhandenen Hormonkonzentration verglichen. Je nachdem wird dann die Hormonneubildung angeregt oder die weitere Hormonbildung gestoppt. In Abb. 14 ist der Regelkreis der Schilddrüse dargestellt.

Die Regulierung der Schilddrüse erfolgt vorrangig in einem hierarchischen System - der **Hypothalamus-Hypophysen-Schilddrüsen-Achse**. Das im Zwischenhirn (Hypothalamus) gebildete Hormon TRH wirkt auf die Hirnanhangsdrüse (Hypophyse). Diese schüttet daraufhin das Hormon TSH aus, welches auf die Schilddrüse wirkt. TSH regt in der Schilddrüse die Bildung von T4 und T3 an. Diese werden mit einer zeitlichen Verzögerung von 5 - 6 Stunden ausgeschüttet.

In diesem System gibt es zahlreiche Rückkopplungen, mittels derer die bestehende Schilddrüsenhormonkonzentration entweder direkt die Produktion der Schilddrüsenhormone beeinflusst (short loop) oder die übergeordneten Hormonsysteme, also TSH und TRH, beeinflusst werden (long loop bzw. extra-long loop).

Im sogenannten Long-Loop-Feedback wird die TSH-Ausschüttung durch die Schilddrüsenhormonkonzentration beeinflusst. Anscheinend ist diese Rückkopplung für die TSH-Produktion von größerer Bedeutung als die Regulierung durch TRH.

Niedrige T3- und T4-Konzentrationen im Körper führen zu einer Erhöhung der TSH-Ausschüttung der Hypophyse. Ein hoher T3- und T4-Spiegel hemmt dagegen die TSH-Ausschüttung. Die hemmende Wirkung von T3 ist stärker als die von T4; dennoch ist die Einwirkung beider Hormone - jeweils in der ungebundenen Form - für die negative Rückkopplung relevant.

Ebenso haben die ungebundenen Schilddrüsenhormone mittels negativer Rückkopplung Einfluss auf die TRH-Ausschüttung (Extra-Long-Loop-Feedback). Auch hier ist T3 von besonderer Bedeutung.

Eine negative Rückwirkung von TSH auf die TRH-Freisetzung konnte bisher nicht mit Sicherheit nachgewiesen werden.

Neben dieser Regelung über die Rückkopplung findet auch eine direkte nervale Steuerung über den Hypothalamus statt. Die freigesetzten Schilddrüsenhormone werden im Blut großteils an die *Trägerproteine* gebunden und zu den Zielorganen transportiert. Nur ein geringer Teil der Schilddrüsenhormone liegt ungebunden (frei) vor. T4 wird zu einem großen Anteil zu T3 oder rT3 umgewandelt. Im Zielorgan entfalten die Schilddrüsenhormone ihre Wirkung.

1. Die Schilddrüse

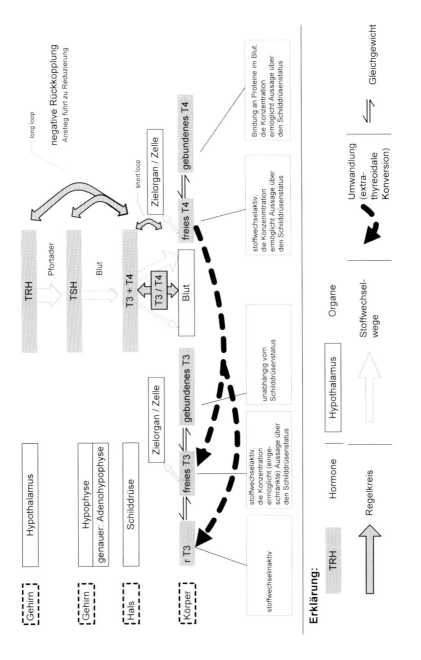

Abbildung 14: Regelkreis Schilddrüse

WECHSELWIRKUNG MIT ANDEREN HORMONEN UND NEUROTRANSMITTERN

Der Stoffwechsel von Lebewesen ist ein kompliziertes Gefüge von ineinander verschachtelten Systemen und Regelkreisen. Wird ein kleines Rädchen verschoben, kann das mannigfaltige Auswirkungen auf die unmittelbar oder mittelbar betroffenen Systeme haben. Die resultierenden Reaktionen fallen unterschiedlich aus, je nachdem, wie gut die einzelnen Systeme und Regelkreise eingestellt sind und wie groß ihre Möglichkeiten sind, Veränderungen auszugleichen. Daher sind Reaktionen auf Veränderungen in der Regel sehr individuell.

Nachfolgend sind einige der vielen Überschneidungen der Schilddrüse und ihrer Hormone mit anderen Regelkreisen aufgeführt.

Akuter Stress bewirkt zunächst eine Anregung des Schilddrüsen-Systems. Vermehrter Stress führt zu einer Erhöhung der TSH-Konzentration. Die dann gebildeten Schilddrüsenhormone verstärken in der ersten Stressreaktion die energie- und wärmeerzeugende Wirkung von Catecholaminen und unterstützen den catecholaminabhängigen Zuckerabbau. Catecholamine sind Hormone und Neurotransmitter, die unter anderem bei Stress ausgeschüttet werden die bekanntesten sind *Adrenalin* und *Noradrenalin*.

Steroidhormone haben einen starken Einfluss auf die Schilddrüse und ihre Hormone. Zu den Steroidhormonen zählen die Glucocorticoide, aber auch die Sexualhormone. *Cortisol*, ein Glucocorticoid, wird bei Stress freigesetzt und reguliert den Hormonausstoß des Körpers wieder auf Durchschnittsniveau. Es bewirkt unter anderem einen schnellen Abfall der T3-Konzentration und einen entsprechenden Anstieg der rT3-Konzentration. Die Produktion von *STH* (Wachstumshormon) wird im Zusammenspiel mit Cortisol und den Schilddrüsenhormonen stimuliert. Hier besteht also eine enge Verzahnung verschiedener Hormonsysteme.

Hohe Östrogen-Konzentrationen hemmen den Schilddrüsenstoffwechsel, niedrige stimulieren ihn. Es wird vermutet, dass Östrogene einigen Wirkungen der Schilddrüsenhormone entgegenwirken und den Abbau ausgleichend fördern, sobald die Konzentration zu hoch ist. Bei weiblichen Tieren hat der Zyklusstatus auch Einfluss auf die Schilddrüsen-Aktivität: Diese ist im Proöstrus und im Östrus (Hitze, Brunst) höher und im Diöstrus niedriger. Die Aktivierung der Schilddrüse im Östrus wird durch geringfügig erhöhte Östrogenkonzentrationen bewirkt. Ein weiterer Östrogenanstieg bewirkt jedoch eine Hemmung der Schilddrüsen-Funktion. Bei Frauen kann ein (leicht) erhöhter Östrogenspiegel zur Ausbildung einer Hyperthyreose führen.

Auch zu **Insulin** besteht eine enge Beziehung. Insulin sorgt dafür, dass Glucose in die Körperzellen aufgenommen wird und in die Speicherform Glykogen umgewandelt wird. Die Umwandlung von T4 in T3 wird von der Verfügbarkeit von Glucose (Zucker) bestimmt (s. Kap. 1, S. 34), also von Insulin mitreguliert.

Eine indirekte Wirkung auf die Schilddrüsenfunktion wird über die Beeinflussung der **TRH-Konzentration** erreicht. So haben einige *Hormone* und / oder Neurotransmitter hemmenden oder steigernden Einfluss auf die TRH-Ausschüttung:

Wirkung auf TRH-Produktion	Neurotransmitter	Hormone
steigernd	Adrenalin, Histamin	Neurotensin, Angiotensin, Östradiol
hemmend	Dopamin, Serotonin	Cholecystokinin = Pankreozymin, Gastrin, Opioide, Somatostatin

Tabelle 6: Auswirkung verschiedener Neurotransmitter und Hormone auf TRH

UMWELT- UND SONSTIGE EINFLÜSSE AUF DEN REGELKREIS

Umwelteinflüsse

Die Schilddrüsenaktivität und somit die Ausschüttung der Schilddrüsenhormone weist sowohl einen circadianen, also dem Tagesverlauf folgenden, als auch einen jahreszeitlichen Rhythmus auf.

Circadianer Rhythmus:

Normalerweise wird TSH im circadianen Rhythmus abgegeben, wobei der Gipfel kurz vor dem abendlichen Einschlafen liegt, wie schon zuvor erwähnt. Diesem Verlauf folgen die Schilddrüsenhormone mit einer zeitlichen Verzögerung von 5 - 6 Stunden, so dass die Hormonkonzentration über den Tag verteilt eine „s"-förmige (sinusförmige) Kurve ergibt. Das Minimum ist dabei am Tage erreicht, die maximale Konzentration dagegen in der Nacht. Allerdings ergeben sich je nach Tagesanforderung sporadische und unvorhersehbare Schwankungen.

Jahreszeitlicher Rhythmus ⟶ Temperatureinfluss:

Ein wesentlicher Einflussfaktor auf die Schilddrüsenhormon-Produktion ist die (Außen-)Temperatur. Bei Kälte wird die TRH-Freisetzung erhöht und in deren Folge auch die Freisetzung von TSH und der Schilddrüsenhormone. Kälte regt also die hormonellen Aktivitäten der Schilddrüse an, Hitze hemmt sie.

Daher ergeben sich jahreszeitliche Schwankungen bei der Schilddrüsenaktivität. In den Sommermonaten ist die Schilddrüsenaktivität geringer als im Winter. Ein höherer Wärmeverlust bewirkt eine Erhöhung der Schilddrüsenaktivität. Bei Schafen steigt z. B. die hormonelle Aktivität der Schilddrüse nach der Schur an. Während bei erwachsenen Menschen erst langanhaltende Kälte eine Steigerung der TRH-Bildung bewirkt, erfolgt diese bei Neugeborenen bereits bei einer kurzen Kälteeinwirkung. Durch den erhöhten Schilddrüsenhormonspiegel bei Kälte oder vermehrtem Wärmeverlust wird der Stoffwechsel angeregt. Dadurch wird mehr Wärme erzeugt und das Aufrechterhalten der Körpertemperatur unterstützt.

Zahlreiche akute Infekte und andere Krankheiten haben Auswirkungen auf die Schilddrüsenaktivität (s. Kap. 2, S. 67) Im Verlauf verschiedener Hautkrankheiten sowie bei Thalliumvergiftung wurde eine herabgesetzte Schilddrüsenfunktion beobachtet. Thallium wird unter anderem bei der Bekämpfung von Nagetieren eingesetzt. Eine Thalliumvergiftung kann sich z. B. durch das Fressen damit vergifteter Mäuse ergeben.

Individuelle Faktoren

Die Höhe des Hormonspiegels ist von verschiedenen individuellen Faktoren abhängig:

- Neugeborene, stark wachsende Tiere haben einen höheren T3- und T4-Spiegel als erwachsene Tiere. Dadurch können die hohen Stoffwechselanforderungen beim Wachstum erfüllt werden. Mit zunehmendem Alter nimmt die Konzentration der Schilddrüsenhormone ab.

- Kleinere Hunderassen haben einen aktiveren Stoffwechsel und daher einen höheren Schilddrüsenhormonspiegel als größere Hunde. Windhunde haben einen niedrigeren T4-Spiegel als vergleichbare Rassen.

- Bei trächtigen Hündinnen steigt der Schilddrüsenhormonspiegel in der Nähe des Geburtstermins an. Dies stellt eine Anpassung an den erhöhten Stoffwechselumsatz beim Wachstum der Milchdrüse und dem Einsetzen der Milchsekretion dar. Die Erhöhung der Schilddrüsenhormone während der Trächtigkeit insgesamt ist von Tierart zu Tierart verschieden. So findet beim Menschen während der Schwangerschaft ein T4-Anstieg statt, bei vielen Nutztieren jedoch nicht.

Ernährung

Eine nicht bedarfsgerechte Ernährung führt zu einer Verschiebung der Konzentration der Schilddrüsenhormone. Während die T4-Konzentration häufig unverändert ist, sinkt der T3-Spiegel, die Menge an rT3 dagegen wird erhöht. Im Blut hungernder Tiere verhindern bestimmte Substanzen die Umwandlung von T4 in T3. Durch die Bildung von rT3 zulasten des aktiven T3 wird der Stoffwechsel „zurückgefahren". Hunger bewirkt zudem eine verminderte Aufnahme und Wirksamkeit von T3 in der Leber, was ebenfalls als Stoffwechselanpassung an das verminderte Nährstoffangebot zu sehen ist. Gut ernährte und daher fettleibige Hunde haben relativ höhere T3- und T4-Konzentrationen im Plasma.

Die Umwandlung von T4 zu T3 ist in einem bestimmten Grad von der Anwesenheit von Glucose (Zucker) abhängig. Glucosemangel hemmt ebenso wie Hunger die Umwandlung. Glucoseüberfluss durch kohlenhydratreiche Nahrung oder Überernährung fördert dagegen die Umwandlung und bewirkt somit einen Anstieg von T3 im Plasma. Dies wiederum führt zu erhöhtem Stoffwechsel mit vermehrtem Energieverbrauch. Bei Schweinen wurde eine erhöhte Abbau- / Umwandlungsrate von T4 festgestellt, wenn die Energiezufuhr (Zufuhr von Glucose) erhöht ist.

Nicht nur die Umwandlungs- und Abbaurate ist abhängig von der Nahrungszusammensetzung, sondern auch die Sekretionsrate: Eiweißmangel (z. B. durch eine eiweißreduzierte Diät) bewirkt bei einer gesunden Schilddrüse auf Dauer eine Senkung der Thyroxin-Bildung, Futter mit hohem Eiweißgehalt bewirkt hingegen eine Erhöhung der Thyroxin-Freisetzung.

Metalle und Spurenelemente

Einige Metalle sind als essenzielle Spurenelemente an wichtigen Stoffwechselvorgängen beteiligt und müssen daher in ausreichender Menge mit der Nahrung aufgenommen werden.

Selen ist Bestandteil einiger Aminosäuren und hat wichtige Funktionen im Körper und speziell im Schilddrüsenkreislauf:

- Selen spielt eine wesentliche Rolle bei der Umwandlung von T4 zu T3 und somit bei der Regulation des T3-Spiegels außerhalb der Schilddrüse:
Selen ist ein Bestandteil des Enzyms *Dejodinase*, welches aus T4 durch Freisetzung eines Jodatoms T3 bildet. Durch Selenmangel wird die Dejodinase-Aktivität gehemmt und somit die T3-Bildung verhindert.

- Selen schützt die Schilddrüse vor schädlichen Stoffwechselprodukten, die im Zuge der Jodumwandlung und der Hormonbildung entstehen:
Selen ist in der Schilddrüse als *Antioxidationsmittel* wirksam. Bei der Bildung der

Schilddrüsenhormone wird in verschiedenen Reaktionsschritten Wasserstoffperoxid (H_2O_2) gebildet. Wasserstoffperoxid ist eine sehr aggressiv wirkende Substanz, die durch Selenverbindungen unschädlich gemacht wird. Bei Selenmangel ist eine nachhaltige Schädigung der Schilddrüsenzellen durch Wasserstoffperoxid möglich.

Aus diesen Gründen ist der Selen-Gehalt in der Schilddrüse besonders hoch. Selenmangel führt zu erhöhten TSH- und T4-Konzentrationen im Blut und zu erniedrigten T3-Konzentrationen, da die Umwandlung von T4 in T3 behindert wird.
In der Tierzucht wird Selen in Mineralstoffgemischen dem Futter beigemischt, wodurch die Tiere eine geringere Krankheitsanfälligkeit zeigen. Patienten mit Darmerkrankungen, parenteraler Langzeiternährung oder schweren Allgemeinerkrankungen haben einen erhöhten Selenbedarf. Allerdings wurde auch nachgewiesen, dass ein zu hoher Selengehalt, ebenso wie ein zu niedriger Selengehalt, zu Haarwachstumsstörungen führen kann.

Ähnliche Wirkung wie Selen wird **Zink** zugeschrieben. Zink spielt ebenfalls eine Rolle bei der Umwandlung von T4 in T3. Zinkmangel führt zum Absinken der T4-Plasmakonzentration, einem gestörten T3-Stoffwechsel und zur Größenzunahme der Schilddrüse. Es wurde festgestellt, dass bei Hunden, die durch Beißvorfälle auffällig geworden waren, die Serumzinkkonzentration deutlich über der von nicht auffällig gewordenen Hunden lag, was ein Hinweis darauf sein könnte, dass auch eine Zinküberkonzentration eine Schilddrüsenüberfunktion produziert.

Ebenso wirkt sich ein **Eisenmangel** negativ auf die Aktivität der Dejodinase aus. Außerdem wurden bei Tieren mit Eisenmangel deutlich niedrigere T3 und T4-Werte festgestellt.

Strumige Substanzen

Chemische Verbindungen, welche die Funktion der Schilddrüse oder deren Hormone hemmen, werden *strumige Substanzen* genannt. Andere Bezeichnungen sind: Thyreostatika oder Goitrogene. Strumige Substanzen können die Bildung eines Kropfs (= Struma) fördern.

Die Hemmung der Schilddrüse bzw. der Hormone kann an verschiedenen Punkten einsetzen:

- Jodaufnahme in die Schilddrüse,
- Hormonbildung bzw.
- Umwandlung und Abbau der Hormone.

Die Jodaufnahme in die Schilddrüse kann durch verschiedene Substanzen gehemmt werden. Hier sind vor allem Thiocyanat- und Perchlorat-Ionen zu nennen, aber auch cyanogene Glycoside bzw. Glucosinolate, bei deren Abbau z. B. Thiocyanate gebildet werden. Diese Substanzen sind in verschiedenen Kohlarten, Maniok, Bohnen und Erdnüssen zu finden bzw. entstehen bei deren Verdauung. Bei Schweinen wurde festgestellt, dass Glucosinolate in Verbindung mit Jodmangel zu einer Anreicherung von Kupfer in der Leber (Wilson-Krankheit) und zu einem verschlechterten Zinkstatus führen. Zinkmangel führt wiederum zu verminderter Umwandlung von T4 in T3.

Die Jodaufnahme in die Schilddrüse ist außerdem abhängig von der Jod-Plasmakonzentration. Hohe Jodkonzentrationen fördern die Aufnahme von Jod in die Schilddrüse, niedrige Jodkonzentrationen bewirken das Gegenteil. Man nimmt an, dass auch eine erhöhte Nitrat-Aufnahme mit dem Trinkwasser oder der Nahrung den aktiven Transport von Jod in die Schilddrüse behindert.
Durch Jodbeimengung im Futter kann die durch strumige Substanzen gehemmte Jodaufnahme zum Teil ausgeglichen werden.
Weitere strumige Substanzen sind Calcium, Fluoride, Chlorate, Sulfate, Cobaltchlorid, Molybdän, Lithium.

EINFLÜSSE VON MEDIKAMENTEN

Neben den oben aufgeführten strumigen Substanzen haben auch zahlreiche Medikamente einen positiven oder negativen Einfluss auf das Schilddrüsensystem.

Nachfolgend sind einige Substanzen zusammengestellt, die sich auf die Hypophyse (Hirnanhangsdrüse), Schilddrüse und / oder direkt auf die Schilddrüsenhormone auswirken. In der Regel wird durch die Wirkung dieser Substanzen die Konzentration der gebundenen Hormone verändert, die Konzentration der freien Hormone bleibt meist unverändert.

Der Vollständigkeit halber wurden auch Medikamente aufgenommen, die die Aufnahme / Wirkung von extern zugeführten Schilddrüsenhormonen beeinflussen. Einige Angaben entstammen den Beipackzetteln der Medikamente und sind teilweise nur im Humanbereich relevant.

Folgeseiten
Tabelle 7: Einige Medikamente und Wirkstoffe mit Einfluss auf die Schilddrüse

Medikament / Wirkstoff	Einsatzbereich / Wirkung / Funktion	Bemerkung
Amiodaron	Regulation des Herzrhythmus	jodhaltiges Medikament: wirkungsabschwächend bzgl. T4, Hemmung der Konversion, hoher Jodgehalt: kann sowohl Schilddrüsenüberfunktion als auch Schilddrüsenunterfunktion auslösen (strumige Substanz)
Androgene	männliche Sexualhormone	Erniedrigung der T4- und T3-Konzentrationen
Antazida	schmerzlindernd bei Magenbeschwerden mit Sodbrennen und Hyperazidität, neutralisiert Magensäure	aluminiumhaltige Präparate, wirkungsabschwächend bzgl. T4
Babiturate	Schlafmittel	steigert Ausscheidung von T4 über die Leber, dadurch wirkungsabschwächend bzgl. T4 Erniedrigung der T4-Konzentration
Calciumcarbonat	Behandlung von Osteoporose und Calciummangel, Bindung von überschüssiger Magensäure, Vorbeugung gegen allergische Reaktionen	wirkungsabschwächend bzgl. T4
Caprofen	Entzündungshemmung, Schmerzstillung, Fiebersenkung, Verwendung bevorzugt bei Gelenkerkrankungen (Wirkstoff von Rimadyl)	hat bei Untersuchungen einen milden Abfall der T4 und TSH-Werte ergeben
Carbimazol	Einsatz bei Schilddrüsenüberfunktion, Wirkung wie Thiamazol	Erniedrigung der Konzentration von T4 und T3, hemmt Schilddrüsenaktivität, verhindert Bildung von elementarem Jod (strumige Substanz)
Chloroquin / Proguanil	Malariamittel	wirkungsabschwächend bzgl. T4, TSH-Anstieg
Clofibrat	Senkung der Blutfettwerte	verdrängt T4 / T3 aus der Plasmaeiweißbindung, dadurch Erhöhung der Konzentration der freien Schilddrüsenhormone, also wirkungsverstärkender Effekt

Colestyramin	bei Hypercholesterinämie, Senkung der Blutfettwerte	hemmt die Aufnahme von T4 und T3 in den Körper, daher sind Schilddrüsenhormone deutlich vor der Colestyramin-Gabe zu verabreichen
Colestipol	Senkung der Blutfettwerte	hemmt die Aufnahme von Levothyroxin (T4) in den Körper
Corticosteroide	Nebennierenrindenhormone	s. Glucocorticoide
Dexamethason	bei Augeninfektionen als Salbe oder Tropfen	Hemmt Umwandlung von T4 zu T3
Diazepam	Antiepileptikum	Erniedrigung der T4-Konzentration
Dicumarol	Hemmung der Blutgerinnung	verdrängt T4 / T3 aus der Plasmaeiweißbindung, dadurch Erhöhung der Konzentration der freien Schilddrüsenhormone, also wirkungsverstärkender Effekt
Dopamin	Kreislaufversagen, drohendes Nierenversagen	hemmende Wirkung auf die Hypophyse (und damit Reduzierung von TSH) oder direkt auf die Schilddrüse
Eisenhaltige Präparate	Eisenmangel	wirkungsabschwächend bzgl. T4
Flunixin	entzündungshemmendes Mittel	
Furosemid	harntreibendes Mittel	verdrängt T4 / T3 aus der Plasmaeiweißbindung, dadurch Erniedrigung der Konzentration des gebunden T4 und T3, sowie Erhöhung der Konzentration der freien Schilddrüsenhormone, also wirkungsverstärkender Effekt
Glucocorticoide (Nebennierenhormone)	Unterdrückung von Entzündungsprozessen	leichter Hemmeffekt auf die Schilddrüse (Hemmung der Sekretion von TSH und TRH), hohe endogene Cortisolkonzentrationen führten bei Untersuchungen z. B. zur Reduzierung der Serum-Gesamt-T4- und T3-Basiskonzentrationen
Heparin	Thrombose und Embolie	Erniedrigung der T4-Konzentration
Insulin	Diabetes mellitus	Erhöhung der T4- und T3-Konzentration
hoch dosiertes Jod	Jodmangelstruma	hemmt die Jodaufnahme, Erniedrigung der Konzentration von T4 und T3
Kaliumperchlorat	Schilddrüsenüberfunktion	hemmt die Schilddrüsenaktivität

Methimazol (Metamizol)	starke Schmerzen, hohes Fieber	Erniedrigung der Konzentration von T4 und T3
Methylthiouracil	Schilddrüsenüberfunktion	hemmt Schilddrüsenaktivität
Mitotane	Zytostatikum bei Nebennierenkarzinom	Erniedrigung der T4-Konzentration
Opiate bzw. Opioide	u.a. Schmerzmedikation	hemmende Wirkung auf die Hypophyse oder direkt auf die Schilddrüse
Penizillin	bakterielle Infektionen	Einfluss umstritten, evtl. Erniedrigung der T4-Konzentration
Perchlorat	Schilddrüsenüberfunktion	hemmt die Aufnahme von Jod in die Schilddrüse
Phenobarbital	Antiepileptikum	führt bei Hunden mit Epilepsie zu Erniedrigung der T4-Werte; Achtung bei Substitution von Schilddrüsen-Hormonen und Behandlung mit Phenolbarbital: Schilddrüsen-Hormone lösen die Bildung bestimmter Enzyme aus, welche die Wirksamkeit des Phenobarbitals reduzieren, Behandlung mit Kaliumbromid hat hingegen keinen Einfluss
Phenylbutazon	Morbus Bechterew, chronisches Gelenkrheuma, entzündungshemmendes Mittel	Einfluss umstritten, ggf. Erniedrigung der T4-Werte, strumige Substanz
Phenytoin	gegen Krampfleiden, Antiepileptikum	führt zu einer vorübergehenden Erhöhung der freien Schilddrüsenhormone und dadurch zu Herzrhythmus-störungen, d.h.: wirkungsverstärkende Effekte, strumige Substanz
Primidon	Antiepileptikum	
Probenecid	Gicht, Hyperurikämie	führt zu einem signifikanten Anstieg der freien T4-Fraktion (also wirkungssteigernd)
Propanolol	Herzerkrankungen, Migräneprophylaxe	Einfluss umstritten, Erhöhung der T4- und fT4-Konzentration, Erniedrigung der T3-Konzentration Hemmung der Umwandlung von T4 zu T3

Propylthiouracil	Schilddrüsenüberfunktion	hemmt Umwandlung von T4 in T3, wirkungsabschwächend bzgl. T4, Erniedrigung von T4 und T3, hemmt Schilddrüsenaktivität, verhindert Bildung von elementarem Jod, strumige Substanz
Beta-Sympatholytika	Mittel zur Blutdrucksenkung	wirkungsabschwächend bzgl. T4
Salizylaten p-Aminosaliclat (Aspirin)	Schmerz- und Fieberbehandlung	verdrängt T4 / T3 aus der Plasmaeiweißbindung, dadurch Erniedrigung der Konzentration des gebundenen T4 / T3 und Erhöhung der freien Schilddrüsenhormone, also wirkungsverstärkender Effekt
Serotonin	Neurotransmitter	hemmende Wirkung auf die Hypophyse oder direkt auf die Schilddrüse
Sertralin	In Psychopharmaka: Antidepressivum	wirkungsabschwächend bzgl. T4 und Anstieg der TSH-Konzentration
Sucralfat	Magenerkrankungen	aluminiumhaltiges Präparate wirkungsabschwächend bzgl. T4
Sulfonamide	Antibiotika	sulfonamidinduzierte iatrogene Hypothyreose: Sulfonamide blockieren in der Schilddrüse das relevante Enzym zur Bildung der Schilddrüsenhormone, die Thyreoidperoxidase. Dadurch kann bei einigen Hunden ein klinischer Hypothyreoidismus entstehen. Die Normalisierung der Testergebnisse bei Schilddrüsenfunktionstests kann 8 – 12 Wochen dauern.
Thiamazol	Schilddrüsenüberfunktion	hemmt Schilddrüsenaktivität, verhindert Bildung von elementarem Jod, wirkt konversionshemmend
Thiouracil	Schilddrüsenüberfunktion	hemmt die Umwandlung von T4 zu T3

2. SCHILDDRÜSENERKRANKUNGEN

ÜBERBLICK

Die gesunde Schilddrüse kann die Produktion von Schilddrüsenhormonen sehr gut an die Erfordernisse anpassen. Eine kranke Schilddrüse oder ein krankes Schilddrüsensystem kann dies nicht mehr. Es werden dann entweder zu viel oder zu wenig Hormone produziert, es entsteht eine Schilddrüsenüberfunktion oder eine Schilddrüsenunterfunktion. Schilddrüsenfehlfunktionen wirken sich auf den gesamten Organismus aus und führen zu diversen Stoffwechselerkrankungen.

Je nachdem, ob man den Schwerpunkt auf Ursache, Funktionseinschränkung oder Auswirkung der Krankheit der Schilddrüse oder des Schilddrüsensystems legt, gibt es verschiedene Einteilungen. Ein Überblick über die Verflechtungen der einzelnen Krankheiten ist der Abbildung 14 zu entnehmen:

Schilddrüsenerkrankungen stellen beim Hund eine der häufigsten Krankheiten im Hormonsystem dar. Dabei ist wiederum die Schilddrüsenunterfunktion die am häufigsten auftretende Schilddrüsenerkrankung, speziell die durch eine Autoimmunkrankheit hervorgerufene Unterfunktion. Eine Schilddrüsenüberfunktion dagegen ist bei Hunden sehr selten.

Die Halbwertszeiten der Schilddrüsenhormone sind bei einer Schilddrüsenunterfunktion länger, bei einer Schilddrüsenüberfunktion kürzer.

Da bei Hunden im Wesentlichen nur die Schilddrüsenunterfunktion von Bedeutung ist, wird auf die Schilddrüsenüberfunktion und die weiteren Krankheiten nur kurz eingegangen.

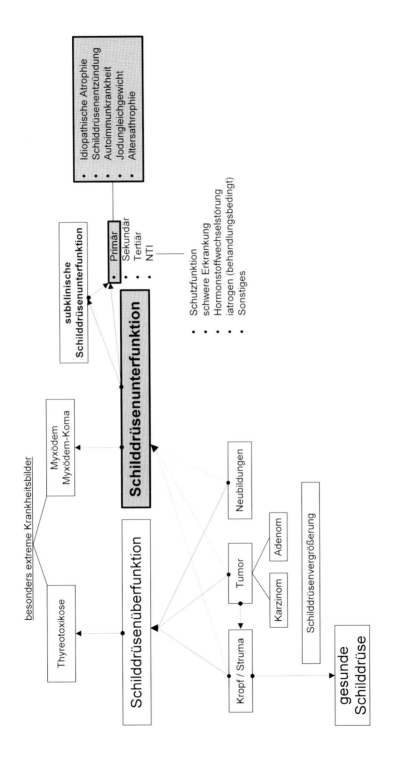

Abbildung 15: Überblick Schilddrüsenerkrankungen

SCHILDDRÜSENÜBERFUNKTION

ÜBERBLICK

Bei einer Schilddrüsenüberfunktion (Hyperthyreose) werden zu viele Schilddrüsenhormone gebildet.

Ursache einer Überfunktion kann ein hormonbildender Kropf oder neues hormonbildendes Gewebe außerhalb der Schilddrüse sein, aber auch ein hormonbildendes Schilddrüsenkarzinom. Bei Hunden tritt eine Schilddrüsenüberfunktion fast ausschließlich in Verbindung mit einem Schilddrüsenadenokarzinom auf, einer hormonproduzierenden bösartigen Schilddrüsenwucherung.

Beim Menschen führt eine über längere Zeit bestehende Überproduktion von Schilddrüsenhormonen zum Bild der *Basedowschen Krankheit*, die durch den Merseburger Trias gekennzeichnet ist: Herzjagen, Kropf und Glotzaugen (*Tachykardie, Struma und Exophthalmus*). Bei Haustieren, außer bei Katzen, ist die Hyperthyreose und somit die Basedowsche Krankheit selten zu finden.
Eine isolierte T3-Hyperthyreose (also Überproduktion nur von T3) ist sehr selten.

KROPF, STRUMA

Ein Kropf (Struma) ist eine Schilddrüsenvergrößerung, die meist ab einer bestimmten Größe sehr gut mit bloßem Auge erkennbar ist.

Beim Menschen kann ein Kropf unter anderem infolge von Immunreaktionen bzw. Autoimmunkrankheiten entstehen. Bei Hunden führen Autoimmunkrankheiten nicht zur Bildung eines Kropfes. Bei Haustieren wird die Kropfbildung letztendlich immer durch die starke Stimulation der Schilddrüse durch TSH und die damit einhergehende Bildung neuen Schilddrüsengewebes verursacht. Je nachdem, welche Ursache die vermehrte TSH-Produktion und -Ausschüttung hat, kann der Kropf in Zusammenhang mit einer Über-/ Unter- oder Normalfunktion stehen. Der Vollständigkeit halber werden hier alle drei Varianten beschrieben.

Kropf bei Normalfunktion der Schilddrüse (= Euthyreotes Struma):

Bei einer gesunden Schilddrüse kann sich durch Jodmangel ein Kropf ausbilden. Ausgelöst durch den Jodmangel entsteht ein Hormonmangel. Dieser bewirkt über eine Rückkopplung eine vermehrte TSH-Sekretion. TSH regt die Schilddrüse zum Wachstum an, so dass das vermehrte Schilddrüsengewebe ausreichend Jod zur Produktion der benötigten Hormonmenge ansammeln kann. Bei gesteigerter Jodversorgung ist eine langsame Rückbildung des Kropfes möglich. Beim Menschen ist der Jodmangelkropf die verbreiteteste Form eines Kropfs. In Regionen mit Jodmangel tritt sie häufig auf (endemischer Jodmangel). .

Bei Hunden, die ausschließlich mit Fleisch gefüttert werden, kann sich ein Jodmangelkropf bilden (All-Meat-Syndrom). Dies war früher häufig bei Schlachthofhunden oder Jagdhunden der Fall. Allerdings hat ein Jodmangel nicht immer einen Kropf zur Folge. Häufig müssen noch weitere Faktoren hinzukommen, wie Wachstumsphasen, Vitamin-A-Mangel, weitere kropfbildende Substanzen (zum Beispiel Substanzen, die die Jodaufnahme in der Schilddrüse verhindern) etc.
Ein Jodmangelkropf ist bei Hunden heutzutage aufgrund von häufigen aber nicht deklarationspflichtigen Jodzusätzen im Futter sehr selten.

Kropf bei Schilddrüsenüberfunktion (= Hyperthyreotes Struma):

Bedingt durch Autoimmunreaktionen wird die Regulierung zwischen Schilddrüse und Hypophyse gestört. Dadurch findet eine vermehrte TSH-Sekretion statt, was die Bildung von Schilddrüsengewebe bewirkt. In der Folge wird ein Schilddrüsenhormonüberschuss produziert. Beim Menschen ist diese Form, wie zuvor beschrieben, Teilbild der Thyreotoxikose vom *Morbus-Basedow-Typ*.
Bei Hunden kommt ein Kropf infolge einer Autoimmunkrankheit nicht vor. Daher ist bei Hunden mit Schilddrüsenüberfunktion ein Kropf selten anzutreffen. Allerdings kann sich im Rahmen eines hormonbildenden Tumors ein Kropf entwickeln (s.u.).

Kropf bei Schilddrüsenunterfunktion (= Hypothyreotes Struma):

Trotz einer vermehrten TSH-Stimulation und Schilddrüsenvergrößerung bleibt die Schilddrüsenhormonkonzentration zu niedrig. Diese Form ist ein wesentlicher Teilbefund des angeborenen (kongenitalen) Myxödems oder Anpassung an einen extremen Jodmangel (= funktionelle *Hyperplasie*).

Bei Hunden steht ein Kropf meist in Zusammenhang mit

- einem Karzinom (⟶ Schilddrüsenüberfunktion) oder
- Jodmangel (⟶ All-Meat-Syndrom).

Neubildungen von Gewebe

Schilddrüsenzellen können, wie schon beschrieben, zum Beispiel im Laufe der Individualentwicklung, in andere Gewebe abwandern. Aus diesen Zellen kann Schilddrüsengewebe (dystopes oder ektopisches Gewebe) entstehen und sich zu primären Schilddrüsengeschwülsten entwickeln. Diese können sogar Schilddrüsenhormone produzieren. Bevorzugte Orte für Neubildungen von derartigem Schilddrüsengewebe sind: Halsbereich, Mediastinum (Teil der Brusthöhle) oder die Herzbasis.

Da solche Neubildungen nicht durch die übergeordneten Hormonsysteme geregelt werden, resultiert daraus häufig eine Hormonüberfunktion. Der Körper versucht dann, durch Reduzierung der eigentlichen Schilddrüsenleistung diese Überproduktion auszugleichen. Dies gelingt aber nur, wenn die Hormonproduktion des neugebildeten Gewebes nicht zu groß ist. Ansonsten führt dieses Gewebe zu einem Überschuss an Schilddrüsenhormonen.

Tumore

Schilddrüsentumore (sowohl gut- als auch bösartige) treten bei Tieren, deren Art ein höheres Lebensalter erreichen, relativ häufig auf. Dabei steigt die Wahrscheinlichkeit der Tumorentstehung, wenn eine starke Stimulation der Schilddrüse durch TSH vorausging.

Schilddrüsentumore sind zwar die häufigsten Tumore im Halsbereich, stellen aber bei Hunden nur einen geringen Teil, etwa 2 - 3 %, der Gewebeneubildungen (Neoplasien) dar. Allerdings sind die meisten klinisch feststellbaren Tumore (Schilddrüsenvergrößerungen) beim Hund Karzinome.

Es wird zwischen zwei Arten unterschieden:

Adenome
…sind gutartige Neubildungen von Drüsenzellen (benigne Neoplasien).

Man unterscheidet hormonell inaktive Adenome von toxischen Adenomen:

- Hormonell inaktive Adenome haben keinen Einfluss auf die Hormonproduktion der Schilddrüse und werden aufgrund ihrer geringen Größe häufig übersehen.

- Toxische Adenome produzieren Schilddrüsenhormone. Die Hormonproduktion der Adenome erfolgt unabhängig vom Regelkreis der

Schilddrüse und wird somit nicht von TSH und TRH beeinflusst. Sind die Adenome ausreichend groß, findet eine Hormon-Überproduktion statt (toxisches hyperthyreotes Schilddrüsenadenom). Aufgrund des hohen Hormonspiegels versiegen die TSH- und TRH-Ausschüttung irgendwann völlig und damit auch die reguläre Hormonproduktion der Schilddrüse. Es ergibt sich eine Rückbildung des normalen Drüsengewebes, also ein Organschwund (funktionelle Atrophie mit anschließendem partiell atrophischem Knotenstruma). Allerdings sind nur rund 20 % der Adenome auch hormonell aktiv. Ein noch geringerer Prozentsatz führt zu einer Schilddrüsenunterfunktion, also dazu, dass die Hormonproduktion völlig versiegt, da die Adenome die Hormone produzieren.

Adenome treten häufig bei Hunden der Rasse Boxer auf.

Karzinome
…sind bösartige (maligne) Neubildungen. Neben den Karzinomen der Milchdrüse sind Schilddrüsenkarzinome die häufigsten Karzinome beim Hund. Schilddrüsenkarzinome zeichnen sich durch eine hohe Invasivität (Eindringungsvermögen in andere Organe) und eine hohe Metastasierungstendenz aus. Die Metastasen gelangen in die lokalen Lymphknoten bzw. über das Blut in die Lunge sowie in Nieren, Leber und Herz. Größere Tumore bilden einen Kropf und verdrängen bzw. zerstören Halsorgane wie Kehlkopf oder Schilddrüse. Als Symptome, besonders der großen Tumore, treten daher Schluckbeschwerden, Atemnot, Husten, Heiserkeit auf und in Folge Appetitmangel und Abmagerung. Häufig sind die regionalen Lymphknoten vergrößert.

Bei etwa einem Viertel der Karzinome werden so viele Schilddrüsenhormone (T3 / T4) gebildet, dass klinische sowie biochemische Symptome einer Thyreotoxikose auftreten (s. Kap. 2, S. 58).
Rund 20 % der Tumore sind hormonell inaktiv. Bei zunehmender Größe oder Wachstum in die Schilddrüse hinein können sie dort Gewebe verdrängen oder zerstören. Dadurch entsteht eine Schilddrüsenunterfunktion.

Häufig werden Karzinome gar nicht diagnostiziert, besonders wenn sie ihre volle Größe noch nicht erreicht haben und keine Symptome verursachen. Es wird daher geschätzt, dass die tatsächliche Zahl der Karzinome bei Hunden rund 50 % höher ist als die diagnostizierte. Bei Hunden tritt ein Kropf meist in Zusammenhang mit einem Karzinom auf.
Die Tumore sind meist inoperabel, da große Gefäße und Nervenstämme umschlossen werden und zudem durch die Operation die Metastasenbildung gefördert werden kann.
Schilddrüsenkarzinome treten besonders häufig bei Golden Retrievern und Beaglen auf.

SYMPTOME DER SCHILDDRÜSENÜBERFUNKTION

Eine Schilddrüsenüberfunktion bewirkt durch die hohe Schilddrüsenhormon-Konzentration eine höhere Stoffwechselaktivität und somit einen höheren Grundumsatz. Dadurch ergibt sich in der Regel ein Gewichtsverlust, die betroffenen Menschen sind meist mehr oder weniger deutlich untergewichtig, kommen aber leicht ins Schwitzen. Die stoffwechselsteigernden Aktivitäten führen in der Leber zur Glykogenverarmung, Fettinfiltrierung und schließlich zur Leberzirrhose.

Betroffene Hunde bewegen sich ungern, suchen kühle Plätze auf und haben eine gewisse Wärmeintoleranz. Aufgrund des hohen Grundumsatzes ergibt sich eine erhöhte Wärmeproduktion, die Hunde hecheln ständig.

Weitere Symptome können sein:

- diverse Muskelleiden, Muskelzittern, Muskelabbau,
- gesteigerte Sehnenreflexe,
- erhöhte Puls- und Atemfrequenz,
- Tachykardie (erhöhte Herzfrequenz) mit nachfolgender Linksherzhypertrophie und verstärktem Herzspitzenstoß,
- Erschöpfung der Nebennierenrinde,
- Veränderung des Creatin-Stoffwechsels,
- Leukozytose (erhöhte Zahl von Leukozyten = weiße Blutkörperchen),
- unregelmäßige Läufigkeit,
- Übererregung, Unruhe, Nervosität, Erregbarkeit, Schreckhaftigkeit, z.T. Schlaflosigkeit,
- Schwäche und Müdigkeit,
- großer Durst, hoher Harnabsatz, Heißhunger, Gefräßigkeit (Polydipsie, Polyurie, Polyphagie), übermäßiger Kotabsatz;
- Glotzaugen (Exophthalmus) wurden bei Hunden im Zusammenhang mit Schilddrüsenüberfunktion nicht beobachtet, jedoch können die Augen leicht hervorstehen.

Eine **Thyreotoxikose** ist quasi eine Vergiftung durch Schilddrüsenhormone. Im Blutbild lassen sich stark erhöhte Werte von T3 und T4 nachweisen, einhergehend mit reduzierten Cholesterinwerten und gesteigerten Calciumwerten (Hypocholesterolämie, Hypercalzämie). Eine derart starke Überproduktion von Schilddrüsenhormonen tritt meist in Zusammenhang mit einem Schilddrüsenkarzinom auf. Infolge der erhöhten Konzentrationen der Schilddrüsenhormone finden eine Abnahme der Knochenmasse und eine erhöhte Calcium-Ausscheidung statt. Ferner sind Gewichtsverlust, Herzjagen sowie starker Harndrang und Durst feststellbar (Tachykardie, Polyurie, Polydipsie).

Behandlung der Schilddrüsenüberfunktion

Die Behandlung der Überfunktion richtet sich nach der zugrundeliegenden Ursache.

Die Behandlung einer Autoimmunerkrankung erfolgt durch Gabe von schilddrüsenhemmenden Medikamenten. Die schilddrüsenhemmenden (antithyreoidalen) Medikamente müssen paradoxerweise mit geringen Mengen Thyreoidea siccata (Schilddrüsenextrakt) oder L-Thyroxin kombiniert werden, um eine Ausbildung oder Vergrößerung eines Kropfs zu verhindern. Der im Humanbereich häufig mit der Autoimmunkrankheit einhergehende Kropf bildet sich durch die Behandlung entweder zurück oder muss operativ entfernt werden.

Wie schon erläutert wird bei Hunden eine Schilddrüsenüberfunktion häufig durch Karzinome verursacht. Diese sind schwer durch eine Operation zu entfernen, da sie nach Verletzung oder Beschädigungen stark streuen und zudem häufig eng an lebensnotwendigem, gesundem Gewebe anliegen. Eine Behandlung mit radioaktivem Jod wird aufgrund der Abschirmungsprobleme bei Tieren eher selten durchgeführt.

Schilddrüsenunterfunktion

Überblick

> *Bei einer Schilddrüsenunterfunktion (Hypothyreose) produziert die Schilddrüse zuwenige Hormone. Die Ursachen für die mangelnde Produktion können in der Schilddrüse direkt liegen oder in den übergeordneten Regelsystemen. Je nach Ursache unterscheidet man daher primäre, sekundäre und tertiäre Schilddrüsenunterfunktion. Davon sind Krankheiten abzugrenzen, die einen hemmenden Einfluss auf die Schilddrüse haben.*

- **Primäre Schilddrüsenunterfunktion**: Die Funktionsstörung liegt direkt in der Schilddrüse.

- **Sekundäre Schilddrüsenunterfunktion**: Die Funktionsstörung liegt im unmittelbar übergeordneten Regelkreis, also der Hirnanhangsdrüse (Adenohypophyse) und wirkt sich darüber auf die Schilddrüse aus. Durch eine reduzierte oder fehlende Stimulierung der Schilddrüse durch TSH kann sich die Schilddrüse zurückbilden (Atrophie) und / oder es werden kleinere Follikel ausgebildet.

- **Tertiäre Schilddrüsenunterfunktion**: hier liegt die Funktionsstörung im obersten Regelkreis, also dem Zwischenhirn (Hypothalamus).

Davon abzugrenzen sind Krankheiten, die ebenfalls einen Einfluss auf die Schilddrüse haben, aber nicht direkt dem Regelkreis der Schilddrüse zuzuordnen sind: NTI = Non Thyroidal Illness.

Eine ausgeprägte Schilddrüsenunterfunktion (Hypothyreose) führt an Haut, Unterhaut und Schleimhaut zu einer mukoid-ödematösen Durchtränkung mit teigiger Konsistenz: Durch Einlagerung von Mucopolysacchariden („Zuckerketten") und Proteinen in der Lederhaut (Schicht unter der Oberhaut) wird vermehrt Wasser eingelagert, das Gewebe wirkt verdickt und geschwollen. Bei Hunden ergibt sich dadurch ein typisch trauriger Gesichtsausdruck.

Das *Myxödem-Koma* stellt die schwerste Form der Hypothyreose dar, ist aber relativ selten. Es ist eine lebensbedrohliche Situation, bei welcher der Erkrankte in ein Koma fällt und die eine notfallmäßige Behandlung erforderlich macht. Damit einher gehen

Untertemperatur, niedriger Blutdruck (Hypotension) und niedrige Herzfrequenz (Bradykardie). (s. Kap. 4, S.98)

Bei einer Schilddrüsenunterfunktion ist die Umwandlung von Cholesterin in Gallensalze gestört. Daher sind häufig zu hohe Cholesterinspiegel feststellbar. Ferner zeigt sich eine verminderte Glucosetoleranz, das heißt, die Blut- und Harnzuckerwerte steigen bei Glucosezufuhr überproportional an. Es kann auch der circadiane Rhythmus der TSH-Ausschüttung fehlen (s. Kap. 1, S. 43). Damit ist auch der tageszeitlich angepasste Rhythmus der Schilddrüsenfunktion gestört.

Primäre Schilddrüsenunterfunktion

Die primäre Schilddrüsenunterfunktion ist die häufigste Schilddrüsenerkrankung beim Hund (ca. 95 %) und eine der häufigsten Drüsenerkrankungen. Die wesentlichen Ursachen einer primären Schilddrüsenunterfunktion können sein:

- **idiopathische Atrophie**: Follikelatrophie (Organschwund, Abbau der Schilddrüse, s. Kap. 2, S. 62),
- **Thyreoiditis**: Entzündung der Schilddrüse, häufig verbunden mit Zerstörung der Schilddrüse (s. Kap. 2, S. 62 und 63),
- **Jodungleichgewicht**: Organabbau aufgrund anhaltenden Jodmangels oder von Jodüberschuss (s. Kap. 2, S. 64),
- **Altersatrophie**: Organabbau im Alter (s. Kap. 2, S. 65).

Generell ist die Entwicklung einer Schilddrüsenunterfunktion mit einhergehender Zerstörung des Schilddrüsengewebes (Atrophie) langsam und schleichend. Häufig werden die ersten Anzeichen und Symptome übersehen und später nicht mehr mit der Schilddrüsenunterfunktion in Verbindung gebracht. Deutliche Symptome stellen sich meist erst ein, nachdem bereits ca. 90 % der Schilddrüse ausgefallen sind.

Zu Beginn einer Schilddrüsenunterfunktion können je nach individueller Stoffwechsellage bereits bei sehr geringen Hormondefiziten verschiedene Symptome auftreten. Dies wird dann häufig als subklinische Schilddrüsenunterfunktion bezeichnet. Da in diesem Stadium die Schilddrüsenunterfunktion jedoch schwierig zu diagnostizieren ist, gibt es über die tatsächliche Existenz der subklinischen Schilddrüsenunterfunktion und deren Auswirkungen zahlreiche Diskussionen. Sie wird daher hier in einem eigenen Kapitel (Kap. 3. S. 70) dargestellt.

Werden bei Beginn der Schilddrüsenunterfunktion die Follikel zerstört, so werden die darin gespeicherten Schilddrüsenhormone stoßartig freigesetzt. Dies kann dazu führen, dass zu Beginn einer Schilddrüsenunterfunktion Symptome wie bei einer Schilddrüsenüberfunktion auftreten. Die Behandlung der primären Schilddrüsenunterfunktion erfolgt (außer bei Jodmangel als Ursache) mit Thyroxin, d.h. mit der externen Zuführung des fehlenden Schilddrüsenhormons.

IDIOPATHISCHE FOLLIKELATROPHIE

Die idiopathische Follikelatrophie ist eine von anderen Krankheiten unabhängige Zersetzung der Schilddrüsenfollikel. Bei Hunden beginnt sie mit der Zersetzung der Follikeloberflächen, sowie einer Verkleinerung der Follikel und endet schließlich damit, dass das zersetzte Schilddrüsengewebe durch Fettgewebe ersetzt wird. Mit fortschreitender Zersetzung der Schilddrüse entwickeln sich eine Schilddrüsenunterfunktion und ein Hormonmangel.

SCHILDDRÜSENENTZÜNDUNG

Eine Thyreoiditis ist bei Hunden häufig zu finden. Sie kann verschiedene Ursachen haben:

1. eine vorangehende Tuberkulose,
2. eine Autoimmunreaktion des Körpers (s. Kap. 2, S. 63),
3. mechanische Traumen im Schilddrüsenbereich (Halsbandruck, Biss- oder Unfallverletzungen)

Durch Verletzungen im Halsbereich können Entzündungen entstehen, die sich auf die Schilddrüse ausweiten.
Allerdings kann auch ein anderer Effekt auftreten: Thyreoglobulin ist ein sehr großes Protein und gelangt normalerweise nicht ins Blut. Geschieht dies trotzdem, z. B. aufgrund einer Erkrankung oder Verletzung der Schilddrüse, so kann dadurch eine Autoimmunreaktion ausgelöst werden, das heißt, der Körper bekämpft körpereigene Stoffe.

> „Nach Einwirkungen mechanischer Traumen (Halsbandruck; Biss- oder Unfallverletzungen) kommt es nicht selten und vorwiegend bei Hunden zu mehr oder weniger umfangreichen entzündlichen Resorptions- und Narbenprozessen. Soweit es sich um offene Verletzungen handelt, kann das Schilddrüsengewebe unmittelbar infiziert oder mittelbar in phlegmonöse [von Zellgewebeentzündungen ausgehend] Halsgewebeprozesse einbezogen werden. Hierbei entwickelt sich gelegentlich eine eitrige, eitrig-nekrotisierende oder jauchige Thyreoiditis."
>
> Dahme / Weiss 1983, S. 400

AUTOIMMUNTHYREOIDITIS

Bei einer Autoimmunreaktion bekämpft das Immunsystem des Körpers irrtümlicherweise körpereigene Strukturen, also zum Beispiel die Schilddrüse, Trägerproteine der Schilddrüse etc. Bei der Autoimmunthyreoiditis reagiert das Immunsystem auf das Thyreoglobulin in der Schilddrüse, was zu entzündlichen Prozessen führt. Im Humanbereich wird eine vergleichbare, aber nicht identische Form der Schilddrüsenunterfunktion als Hashimoto-Thyreoiditis bezeichnet.

Nach Ausbruch der Thyreoiditis findet ein massives Eindringen von *Immunozyten* in die Schilddrüse statt und in der Folge ein Abbau des Drüsengewebes durch die Immunozyten. Bei rund 48 % der Hunde mit einer Hypothyreose können im Blutbild Antikörper (Immunozyten) gegen das Thyreoglobulin festgestellt werden (s. Kap. 4, S. 108). Da der Abbau des Drüsengewebes langfristig zur völligen Zerstörung der Schilddrüse führen kann, ist ein Antikörpernachweis bei einer fortgeschrittenen Autoimmunthyreoiditis nicht immer möglich.

Die Autoimmunthyreoiditis wurde zuerst bei Labor-Beaglen festgestellt, dann aber auch bei Deutschen Doggen und in den letzten Jahren zunehmend bei weiteren Hunderassen. Wie bei allen Autoimmunkrankheiten besteht bei der Autoimmunthyreoiditis eine genetische Veranlagung. Die Krankheit bricht aber nicht zwangsläufig bei allen Hunden mit einer genetischen Disposition aus. Vielmehr bedarf es erst bestimmter Auslöser bzw. zusätzlicher Risikofaktoren, die zur Manifestation der Krankheit führen.

Im Humanbereich wurden meist Störungen des Körpergleichgewichtes im weitesten Sinne als Ursache festgestellt, wie z. B.:

- Veränderungen der Sexualhormonkonzentrationen,
- unspezifische Stimulation des Immunsystems,
- Allgemein: Stress.

Bezogen auf den Hund bedeutet das, dass als auslösende Faktoren in Frage kommen können:

- Hormonelle Veränderungen zur Zeit der sexuellen Reife oder durch eine Kastration,
- schwere Erkrankungen,
- Impfungen,
- aber auch: starke Ungleichgewichte in der Jodversorgung.

Statistisch gesehen sind hinsichtlich des Ausbruchs einer Autoimmunthyreoiditis besonders gefährdet:

- einzelne Rassen
- großwüchsige Rassen (Zwergrassen sind kaum gefährdet),
- weibliche Hunde (Verhältnis 2,5 : 1, dies ist zum Teil aufgrund der Wechselwirkung mit Sexualhormonen erklärbar, s. Kap. 1, S. 42),
- jüngere Hunde.

Aufgrund der genetischen Disposition wurde in den USA bei diversen Zuchtverbänden ein Schilddrüsentest als Voraussetzung für eine Zuchtzulassung eingeführt. Leider ist diese Untersuchung in Deutschland noch nicht üblich. Allerdings ist zu beachten, dass ergebnisverfälschende Manipulationen vor der Blutabnahme möglich sind und in Amerika z.T. auch durchgeführt werden.

Im deutschsprachigen Raum werden je nach Quelle verschiedene Rassen als besonders gefährdet eingestuft. Im Wesentlichen werden genannt:

- Airedale Terrier,
- Border Collie,
- Boxer,
- Briard,
- Berger des Pyrenées,
- Cocker Spaniel,
- Dachshund,
- Dogge,
- Deutscher Schäferhund,
- Dobermann,
- Golden Retriever,
- Hovawart,
- Irish Setter,
- Jack Russel Terrier,
- Labrador,
- Münsterländer,
- Pudel,
- Rhodesian Ridgeback,
- Rottweiler,
- West Highland White Terrier,
- Zwergschnauzer.

JODUNGLEICHGEWICHT

Jodüberschuss

Wie im ersten Kapitel erläutert, gibt es über den Jodbedarf des Hundes sehr breit gestreute Angaben. Auch ist die Jodtoleranz von Hunden bedeutend höher als die von Menschen. Dennoch standen bei Untersuchungen in Argentinien jodhaltige Futtermittel im Verdacht, Schilddrüsenunterfunktion auszulösen. Dies kann sowohl durch den Wolff-Chaikoff-Effekt in Verbindung mit ausbleibendem Escape-

Phänomen bedingt sein als auch durch weitere die Entwicklung einer autoimmunen Schilddrüsenunterfunktion begünstigende Effekte (s. Kap. 1, S. 25 und Kap. 2, S. 63).

Dies deckt sich mit Erfahrungen im Humanbereich: In Ländern mit einer hohen Jodversorgung, wie zum Beispiel Japan oder den USA, werden häufig zu hohe Konzentrationen von Schilddrüsen-Autoantikörpern festgestellt. Diese führen langfristig zur Zerstörung des Schilddrüsengewebes.

Jodmangel

Steht nicht ausreichend Jod zur Bildung der Schilddrüsenhormone zur Verfügung, führt dies zu einer Schilddrüsenunterfunktion aufgrund von Jodmangel. Bei lang anhaltendem Jodmangel entwickelt sich daraus ein degenerativer Prozess der Schilddrüse mit vollständiger Erschöpfung und Atrophie der Schilddrüse.

ALTERSATROPHIE

Bei älteren Hunden (ca. ab dem 10. Lebensjahr) werden die Stoffwechselaktivitäten reduziert und damit einhergehend auch die Aktivitäten der Schilddrüse. Besonders bei sehr alten Hunden kann dies zur Verkleinerung der Schilddrüse führen.

Sekundäre und Tertiäre Schilddrüsenunterfunktion

Bei einer **sekundären Schilddrüsenunterfunktion** (sekundäre Hypothyreose) ist die Schilddrüse gesund, wird aber durch das direkt übergeordnete Regelsystem nicht ausreichend stimuliert. Die Störung liegt also in der Hirnanhangsdrüse (Hypophyse). Meist finden sich die Symptome eines mehr oder weniger starken Ausfalls der Hypophysenfunktionen (Hypo- oder Panhypopituitarismus): Aufgrund der fehlenden Stimulation der Schilddrüse durch TSH entfällt die Anregung zur Hormonbildung. Es werden zu wenige Schilddrüsenhormone produziert und es findet ein Abbau von Schilddrüsengewebe statt.

Ursachen einer sekundären Hypothyreose können sein:

- angeborene Hypophysenschäden (kongenitale Hypophysen-Malformation),
- Neubildungen / Geschwülste im Bereich der Hypophyse (Neoplasie der Hypophyse),
- Hemmung der Hypophysenfunktion (z. B. durch *Cushing-Syndrom* oder NTI, s. Kap. 2, S. 67),
- chirurgische Entfernung der Hypophyse.

Die sekundäre Schilddrüsenunterfunktion kann somit durch eine Vielzahl von Faktoren verursacht werden, erfordert jedoch keine Hormonsubstitution. Vielmehr ist die zugrundeliegende Krankheit zu behandeln. Sekundäre Schilddrüsenunterfunktionen sind allerdings bei Hunden sehr selten und meist auf eine Zerstörung der Hirnanhangsdrüse durch Geschwülste oder auf das Cushing-Syndrom zurückzuführen.

Bei der **tertiären Schilddrüsenunterfunktion** ist die Reglung der Schilddrüse durch das Zwischenhirn (Hypothalamus) gestört.

In einigen Quellen werden auch Krankheiten unter die sekundäre Schilddrüsenunterfunktion gefasst, die zwar Auswirkungen auf die Schilddrüsen-Hypophysen-Hypothalamus-Achse haben, aber nicht innerhalb des Hypophysen-Hypothalamus-Schilddrüsen-Regelkreises angesiedelt sind. Diese werden im nachfolgenden Kapitel separat dargestellt.

NTI = Non-Thyroidal Illness

Non-Thyreoidal Illness werden auch als Euthyroid Sick Syndrom (= ESS) bezeichnet. Es handelt sich um Krankheiten oder Einflüsse, die zwar veränderte Schilddrüsenhormonspiegel zur Folge haben, aber nicht direkt in der Schilddrüse oder ihrem Regelsystem zu finden sind. Sinken die Schilddrüsenhormonkonzentrationen aufgrund dieser externen Einflüsse ab, kann dies fälschlicherweise für das Symptom einer primären Schilddrüsenunterfunktion gehalten werden.

Man kann im Wesentlichen 5 Ursachen für NTI unterscheiden, wobei die beiden ersten Punkte eng miteinander verknüpft sind:

1. Schutzfunktion des Körper: reduzierte T3-Bildung, verstärkte rT3-Bildung,
2. Hemmung der Schilddrüse bei schweren Erkrankungen,
3. Störungen im Hormonstoffwechsel,
4. Behandlungsbedingte (iatrogene) Einflüsse auf die Schilddrüse,
5. Umwelteinflüsse (Unfall etc.).

Schutzfunktion des Körper: reduzierte T3-Bildung

Bei Hungerzuständen, Fieber, Leber- oder Nierenerkrankungen ist häufig eine Reduzierung der Schilddrüsenhormonkonzentrationen feststellbar, die eine Absenkung des Stoffwechsels bewirkt. Dies kann als Schutzfunktion des Körpers gedeutet werden. T4 wird dann nicht in das hormonell sehr aktive T3 umgewandelt, sondern stattdessen in rT3. rT3 ist aber biologisch inaktiv (genauer: besetzt die Rezeptoren für T3, ohne eine Stoffwechselreaktion auszulösen) und regt den Stoffwechsel somit nicht an (s. Kap. 1, S. 21).

Hemmung der Schilddrüse durch schwere Erkrankungen

Einige schwere Erkrankungen führen dazu, dass die eigentlich gesunde Schilddrüse gehemmt wird. Ursächliche Krankheiten hierfür können sein:

- *Pyodermien* (allerdings können Pyodermien auch Folge einer Schilddrüsenunterfunktion sein),
- allergische Reaktionen,
- Immunkrankheiten,
- Tumorkrankheiten, Lymphosarkome,

- schwere allgemeine Infektionskrankheiten / akute Krankheiten: bakterielle Bronchopneumonie, Sepsis, Staupe, immunhämolytische Anämie, systemischer Lupus erythematodes, Diskopathien, Polyradikuloneuritis, akute Niereninsuffizienz, akute Hepatitis, akute Pankreatitis, Peritonitis,
- chronische Krankheiten: generalisierte Demodikose, generalisierte bakterielle Furunkulose, systemische Mykosen, chronische Niereninsuffizienz, Diabetes mellitus, Herzinsuffizienz, Kardiomyopathien, chronische Hepatitis und Zirrhose, Adipositas, Gastroenteritis, Megaösophagus (Speiseröhrenerweiterung), chronische Magen-Darm-Erkrankung,
- *Cushing-Syndrom.*

STÖRUNGEN IM HORMONSTOFFWECHSEL

Es gibt verschiedene krankheitsbedingte Faktoren, die den Stoffwechsel und / oder die Wirksamkeit der Hormone beeinträchtigen. Hier sind zum Beispiel zu nennen:

- Störung der Umwandlung von T4 zu T3 (Konversionshemmung) durch herabgesetzte Enzymaktivität (5´- Dejodinaseaktivität),
- herabgesetzte T3-Bindung im Blut,
- erhöhtes T3-Verteilungsvolumen,
- reduzierter Abbau von rT3 und somit rT3-Konzentrationserhöhung,
- stressbedingte Glukokortikoidsekretion,
- Zytokinfreisetzung,
- Inhibition der Bindung von T4 am Zielorgan,
- Tumornekrosefaktor,
- Somatostatin.

Unter „Low-T3-Syndrom" versteht man beim Menschen die Reduzierung des T3-Spiegels, ohne dass der rT3- oder T4-Spiegel Veränderungen aufweisen.
Von besonderer Bedeutung ist hier der Punkt 5, da besonders Dauerstress zu stressbedingter Reduzierung der Schilddrüsenhormone führt (s. Kap. 6, S. 143):
Dauerstress führt zu dauerhafter Erhöhung der Stresshormone, wobei Cortisol hier von besonderer Bedeutung ist. Hohe Cortisolwerte reduzieren die Schilddrüsenhormonkonzentration. Durch einen niedrigen Schilddrüsenhormonspiegel wird der Hund jedoch stressanfälliger. Dadurch ergibt sich ein Stresskreislauf, der eventuell zeitweise eine Schilddrüsenhormongabe sinnvoll machen kann. Dauerstress kann auch ein entscheidender Faktor für das Ausbrechen einer Autoimmunthyreoiditis sein.

IATROGENE EINFLÜSSE

Neben den körpereigenen Substanzen können auch externe Substanzen oder Einflüsse im Rahmen einer medizinischen Behandlung die Hormonbildung oder die Hormonwirkung reduzieren. Zu diesen behandlungsbedingten (iatrogenen) Einflüssen zählen u.a.:

- chirurgische Entfernung der Schilddrüse,
- Medikamente wie Glukokortikoide, Phenobarbital, Phenylbutazon und einige Antibiotika (s. Kap. 1, S. 47),
- Bestrahlungstherapie, Behandlung mit radioaktivem Jod,
- Impfungen (sie können die Schilddrüsenwerte vorübergehend beeinträchtigen).

Bei einigen Hunden kann durch Sulfonamide eine klinische Hypothyreose entstehen (sulfonamidinduzierte iatrogene Hypothyreose). Die Normalisierung der Schilddrüsenfunktion kann nach einer solchen Behandlung 8 - 12 Wochen dauern.

SONSTIGES

Auch zahlreiche andere Ereignisse können Einfluss auf die Schilddrüse und deren Hormonkonzentrationen haben, zum Beispiel Unfallfolgen. Allerdings haben Unfälle und deren Folgen bereits durch die große Stresssituation eine schilddrüsenbeeinflussende Wirkung.

3. SUBKLINISCHE SCHILDDRÜSENUNTERFUNKTION

ÜBERBLICK UND BEGRIFFSERKLÄRUNG

Die subklinische Schilddrüsenunterfunktion ist sowohl in der Humanmedizin als auch in der Hunde-Veterinärmedizin eine Krankheit, über die sich vortrefflich streiten lässt.

In der deutschen Literatur findet man in Bezug auf Hunde relativ wenig eigenständige Veröffentlichungen zur subklinischen Schilddrüsenunterfunktion. Die z. B. von Christiane Quandt (Tierärztin) oder Ute Blaschke-Berthold (Doktor der Biologie) online veröffentlichten Texte zu diesem Thema beruhen zum Einen auf einem jeweils breiten Erfahrungsschatz, sind aber keine statistisch gesicherten wissenschaftlichen Untersuchungen; zum Anderen auf den Untersuchungen von Jean Dodds in Amerika (s. Kap. 3, S. 79) und sind daher nicht als unabhängige Untersuchungen zu bezeichnen. Allerdings enthalten sie für betroffene Hundehalter wichtige Informationen.

Eine wissenschaftliche Quelle neueren Datums stellt die Doktorarbeit von Kathrin Köhler an der Universität München dar. Thema der Arbeit ist die Analyse von Verhaltensänderungen aufgrund körperlicher Ursachen. In dieser Arbeit wird unter anderem einiges zur subklinischen Schilddrüsenunterfunktion und den damit einhergehenden Problemen zusammengetragen. Sie charakterisiert die subklinische Schilddrüsenunterfunktion wie folgt:

> „Subklinische Hypothyreose ist [...] eher eine Beschreibung als die Diagnose eines biochemisch messbaren Wertes eines relativen Schilddrüsenausfalls."
> Köhler, 2005, S 14-15

Auch im Internet finden sich mehr oder weniger wissenschaftlich abgesicherte Daten. In zahlreichen Hunde-Foren tauschen sich betroffene Hundehalter aus. Dies sind zwar keine wissenschaftlichen Berichte, sondern subjektive Einschätzungen, aber man findet tendenziell ähnliche Erfahrungen.

Diagnoseprobleme bei der Subklinischen Schilddrüsenunterfunktion

Die subklinische Schilddrüsenunterfunktion stellt den Beginn einer sich entwickelnden Schilddrüsenunterfunktion dar. Da sich der Ausfall der Schilddrüsenfunktion im Zuge einer Thyreoiditis oder einer Autoimmunkrankheit nur sehr langsam entwickelt, kann sich ein Hund relativ lange im subklinischen Stadium befinden. Typische Merkmale für die subklinische Schilddrüsenunterfunktion sind in der Regel:

- Die Hormonwerte im Blut befinden sich noch innerhalb des Normalbereichs, allerdings in der unteren Hälfte oder sogar im unteren Drittel der angegebenen Norm bzw. der Labor-Referenzbereiche.
- Typische klinische Symptome einer klassischen Schilddrüsenunterfunktion liegen nicht vor.
- Vorhandene unspezifische Symptome werden nicht richtig gedeutet.
- Eine Diagnose kann oft nicht oder nur durch einen Therapieversuch eindeutig abgesichert werden.

Bluthormonwerte unterhalb der Norm findet man häufig erst bei Hunden, die älter als 4 Jahre sind. Bis dahin reicht der von der erkrankten Schilddrüse produzierte Hormonlevel meist gerade so aus, um die wichtigsten Funktionen mehr oder weniger gut aufrechtzuerhalten. Trotzdem weisen einige der betroffenen Tiere schon wesentlich früher zahlreiche Krankheitssymptome auf, die oft erst im Nachhinein erkannt und korrekt zugeordnet werden.

Auffällig werden die betroffenen Hunde zum Teil vor allem durch mehr oder weniger massive Verhaltensprobleme und Verhaltensänderungen. Typische Verhaltensmerkmale oder Verhaltensänderungen sind:

- plötzliche und scheinbar unbegründete Aggressivität und / oder völlig überzogene Aggressivität,
- phasenweise Ängstlichkeit,
- eingeschränktes Aufnahmevermögen (Ansprechbarkeit) in bestimmten Situationen, Tunnelblick, kognitive Wahrnehmungsstörungen, „Weggetretensein",
- geringe Stresstoleranz, nur sehr langsamer Stressabbau,
- geringe Frustrationstoleranz,
- Stimmungsschwankungen, unstetes Verhalten.

Diese Verhaltensmerkmale können jedoch auch viele andere Ursachen haben, sind also unspezifisch.

Wichtig ist, dass nicht alle Hunde mit beginnender Schilddrüsenunterfunktion auch Probleme oder gar Verhaltensprobleme aufweisen. Vielmehr ist die Reaktion auf den schleichenden Hormonrückgang sehr individuell.

K. Köhler gibt an, dass nach einer amerikanischen Studie von B.V. Beaver die Schilddrüsenunterfunktion (Hypothyreose) in 1,7 % der Fälle die Ursache für aggressives Verhalten bei Hunden ist. Diese untersuchten Hunde hatten keine klassischen Symptome für eine Schilddrüsenunterfunktion und befanden sich zum Teil in „ausstellungsfähigem" Zustand (Köhler, 2005, S. 14). Gerade bei Tieren, die eine verstärkte Tendenz zu aggressivem Verhalten aufweisen, sollte daher immer eine umfassende Schilddrüsenuntersuchung durchgeführt werden.

Beim Menschen ist das Krankheitsbild der subklinischen Schilddrüsenunterfunktion bereits seit längerem bekannt, wird allerdings kontrovers diskutiert und nur teilweise therapiert. Häufig steht die subklinische Schilddrüsenunterfunktion am Beginn einer Autoimmunkrankheit (Hashimoto-Thyreoiditis) und ist mit weiteren autoimmunen Krankheitsbildern oder mit Erkrankungen, die neuroimmunologische Regulationsfunktionen einbeziehen, verbunden.

Gerade weil die subklinische Schilddrüsenunterfunktion bzw. generell die Schilddrüsenunterfunktion im Anfangsstadium beim Hund ein sehr unspezifisches Krankheitsbild hat und die Diagnose schwierig ist (s. Kap. 4, S. 92), sollte in Verdachtsfällen ein in dieser Hinsicht erfahrener Tierarzt herangezogen werden. Empfehlenswert sind verhaltenstherapeutisch geschulte Tierärzte (zum Beispiel von der Gesellschaft für Tier-Verhaltentherapie, GTVT). Wichtig ist auf jeden Fall eine sorgfältige Anamnese, welche die allgemeinen Lebensumstände umfassend einbezieht.

Köhler kommt in ihrer Doktorarbeit unter anderem zum Ergebnis, dass „bei einem Sechstel der verhaltenstherapeutischen Patienten […] somatische Ursachen gefunden werden [konnten]. Diese betrafen vor allem subklinische und klinische Hypothyreosen sowie Schmerzen durch orthopädische Probleme […]. Hierbei wären insbesondere weitere Untersuchungen im Bereich der Hypothyreose beim Hund wünschenswert." (Köhler 2005, S. 145)

Außerdem schreibt sie: „Der Einfluss der Schilddrüsenfunktion auf das Verhalten ist dagegen bisher noch relativ unbeachtet und unerforscht geblieben, und es liegen wenig „sichere" Daten vor […]. So rät insbesondere OVERALL (2003) davon ab, ohne eindeutige Zeichen einer Hypothyreose (Adipositas = Fettsucht, Seborrhoe, Alopezie, Schwäche, Lethargie, Bradykardie und Pyodermien) und dem entsprechenden Laborbefund Hunde mit Thyroxin zu behandeln. Sie gibt hierbei die

Prävalenz für eine Hypothyreose bei Hunden mit 0,2 % an und gibt auch zu bedenken, dass es eine weite Bandbreite an rasse- und altersspezifischen „Normwerten" für T3, T4, freies T3 und freies T4 gibt, die noch nicht bekannt sind. Auch die Tatsache, dass die TSH-Produktion und die Reaktion von TSH auf TRH durch Faktoren wie Somatostatin, Dopamin und Serotonin beeinflußt werden, lässt die eindeutige Diagnose einer Hypothyreose schwer erscheinen. Bei den Patienten aus der kurativen Praxis hatten die an einer subklinischen oder klinischen Hypothyreose erkrankten Hunde häufig Verhaltensveränderungen. Aufgrund der zu geringen Gesamtzahl war dieses Ergebnis jedoch nicht aussagekräftig genug. Es wäre sinnvoll, weitere Forschung in diesem Bereich zu betreiben." (Köhler 2005, S. 142-143)

Eine echte subklinische Schilddrüsenunterfunktion ist zwar ernstzunehmen, aber nur sehr schwer zu diagnostizieren. Weitergehende Forschungen auch im europäischen Kulturkreis wären daher wünschenswert.

Eine beginnende Schilddrüsenunterfunktion macht sich vorwiegend dadurch bemerkbar, dass die Hormonspiegel im Blut langsam sinken. Anfangs liegen sie noch innerhalb der Referenzbereiche und sinken erst mit zunehmender Zerstörung der Schilddrüse darunter. Besonders in der Frühphase ist es daher schwierig, eine beginnende Schilddrüsenunterfunktion von anderen Einflussfaktoren zu unterscheiden.

Einige nicht-schilddrüsenbedingte Erkrankungen (NTI = Non-Thyroidal Illness) wirken sich ebenfalls auf die Schilddrüsenfunktion aus. Zum Beispiel wird häufig bei Tieren mit einer Überfunktion der Nebennierenrinde aufgrund der stets hohen Cortisolwerte eine Erniedrigung der Schilddrüsenhormon-konzentration festgestellt.

Auch sind die Hormonkonzentrationen im Blut unter anderem abhängig von der Menge der überhaupt produzierten und freigesetzten Schilddrüsenhormone sowie der vorhandenen Trägerproteine und der Umsetzungs- / Abbaurate der Hormone. Daraus ergibt sich eine Reihe von körpereigenen Störgrößen, die stark situationsbedingt schwanken können und daher die Beurteilung erschweren.

Auch zahlreiche weitere Einflussfaktoren wirken sich auf die Hormonwerte aus, wie zum Beispiel:

Medikamente:	Bestimmte Medikamente können den Schilddrüsenstoffwechsel so beeinflussen, dass eine Schilddrüsenunterfunktion vorgetäuscht wird (s. Kap. 2, S. 47).
Rasse:	Windhunde haben niedrigere Hormonwerte.
Größe:	Kleinere Rassen haben höhere Schilddrüsenhormonspiegel als große Rassen.

Alter:	Alte Hunde haben niedrigere Werte.
Trächtigkeit:	Zum Ende der Trächtigkeit ist die Schilddrüsenaktivität verstärkt.
Zyklusstatus:	Im Diöstrus ist die Schilddrüsenaktivität geringer als im Östrus.
Jahreszeit:	Im Winter sind die Hormonwerte höher als im Sommer.
Tageszeit:	Es gibt einen circadianen Rhythmus sowie sporadische und unvorhersehbare Fluktuationen im Laufe des Tages.

Abbildung 16: Beeinflussung der Hormonwerte

Daraus ergibt sich ein weiteres Problem: Es existiert eine breite Überschneidung zwischen dem allgemein definierten Normalbereich und dem individuellen „Unterfunktionsbereich" (s. Abb. 17). Individuell gravierende Abweichungen des Optimalbereichs vom Normalbereich sind daher möglich.

Die vom Labor angegebenen Referenzwerte stellen lediglich die statistischen Mittelwerte von als gesund befundenen Hunden aller möglichen Rassen, Ernährungszustände und Alter etc. dar – und diese Werte stammen auch nur von den Hunden, die in dem betreffenden Labor getestet wurden. Es handelt sich also um einen laborinternen Referenzbereich (gemäß der *Gauß'schen Normalverteilung*) und dieser ist abhängig davon, welche Hunde als gesund eingestuft und welche Hunde (Alter, Rasse etc.) mehrheitlich getestet wurden. Da die Schilddrüsenwerte häufig bei alten Hunden im Rahmen des geriatrischen Profils oder bei Hunden mit Verdacht auf Schilddrüsenunterfunktion getestet werden, ergeben sich daraus bereits tendenziell falsche Referenzbereiche.
Ferner sind die Referenzwerte methodenabhängig. Das heißt, je nach Analysemethode, zugrundegelegtem chemischen Standard und Gerätegenauigkeit können sich Unterschiede in den Referenzwerten ergeben.

Die Hormonwerteverteilung einer einzelnen Rasse kann von der Normalverteilung, die sich durch Berücksichtigung aller Hunde ergibt, stark abweichen. So haben Windhunde z. B. deutlich niedrigere Hormonwerte als andere Hunde, ohne hypothyreot zu sein (also ohne an einer Schilddrüsenunterfunktion erkrankt zu sein).

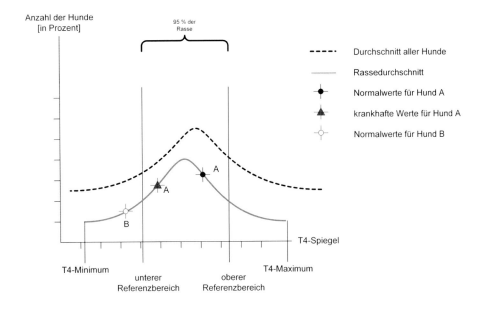

Abbildung 17: Veranschaulichung zu den Referenzwerten

Auch innerhalb einer Rasse kann es deutliche Unterschiede im Hormonspiegel der Hunde geben (s. Abb. 18):

- Zum einen gibt es individuelle Schwankungen der Hormonspiegel im Tagesprofil.
- Zum anderen kann ein bestimmter Hormonspiegel für einen Hund völlig ausreichend – für einen anderen Hund aber deutlich zu niedrig sein.

Beispiel:

In Abbildung *hat Hund A im Normalfall über den Tagesablauf den durch die durchgezogene Kurve dargestellten Hormonspiegel.*
Der normale Hormonspiegel von Hund B liegt deutlich niedriger (gestrichelte Kurve) – zum Teil sogar unterhalb des unteren Referenzwerts.

Nach einer Schilddrüsenerkrankung fällt der gesamte Hormonspiegel von Hund A ab (Strich-Punkt-Kurve). Er liegt zwar noch deutlich über dem Wert von Hund B, aber bezogen auf die individuell erforderliche Hormonlage ist dieser Wert für Hund A zu niedrig.

Nimmt man die Blutprobe von Hund A zum Zeitpunkt 1 ergibt sich ein Hormonwert, der noch im Bereich des Rassemittels liegt. Zum Zeitpunkt 2 liegt der Hormonspiegel jedoch unterhalb des unteren Referenzwerts.

Die oberflächliche Beurteilung der Blutwerte beider Hunde lautet:
Hund B hat Schilddrüsenunterfunktion, Hund A ist gesund.

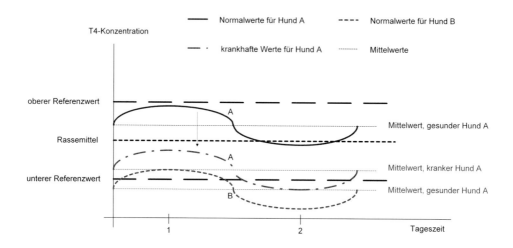

Abbildung 18: Vergleich der (hypothetischen) Hormonkurven zweier Hunde im Tagesablauf

Die Referenzwerte der Hormonkonzentrationen sind nur orientierende Angaben. Sie können individuell, situationsbedingt und rassebedingt schwanken. Die Referenzwerte verschiedener Labore sind in der Regel nicht miteinander vergleichbar. Die Referenzwerte sind im unteren Bereich vermutlich zu niedrig angesetzt.

Daher gilt: Besteht aufgrund von Verhaltensauffälligkeiten der Verdacht einer subklinischen Schilddrüsenunterfunktion, ist auf jeden Fall eine sehr gründliche Anamnese erforderlich. Hierbei sollte insbesondere auf typische Kriterien geachtet werden, wie zum Beispiel mehr oder weniger spezifische klinische Symptome oder eindeutige Verhaltensweisen, die sonst durch nichts zu erklären sind.

Anschließend erfolgen klinische und labordiagnostische Untersuchungen. Hierbei sollten ein komplettes Organprofil und ein großes Blutbild erstellt werden, um Erkrankungen außerhalb der Schilddrüse auszuschließen. Liegen die Werte im unteren Drittel des Referenzbereichs ist der Verdacht einer Schilddrüsenunterfunktion eventuell nochmals abzusichern durch

- die Ergebnisse der Anamnese,
- mehrfache, zeitlich getrennte Blutuntersuchungen und / oder
- weitere Untersuchungen (bildgebende Verfahren, Funktionstests ...).

Ferner sollte die Herzfrequenz in Ruhe und nach Belastung ermittelt werden, da Hunde mit Schilddrüsenunterfunktion häufig eine Bradykardie (erniedrigte Herzfrequenz) zeigen. Dies kann als weiterer Hinweis gewertet werden, stellt aber auch einen eigenständig wichtigen (und eventuell zu behandelnden) Befund dar.

KRITISCHE ANMERKUNGEN ZUR SUBKLINISCHEN SCHILDDRÜSENUNTERFUNKTION

Gerade bei einer autoimmunbedingten Schilddrüsenunterfunktion sollte berücksichtigt werden, dass Autoimmunkrankheiten multifaktoriellen Ursprungs sind. Das heißt, dass in der Regel nicht ein klar bestimmbarer Faktor zum Ausbruch der Krankheit geführt hat, sondern die Summe vieler Einzelfaktoren. Bei Autoimmunkrankheiten sollten generell auch die auslösenden Faktoren, soweit dies möglich ist, ermittelt und beseitigt werden. Sehr häufig ist in diesem Zusammenhang (Dauer-)Stress zu nennen.

Im Idealfall kann sogar eine völlige Ausheilung einer Autoimmunkrankheit nach Beseitigung der wesentlichen auslösenden Faktoren festgestellt werden. Es ist unklar, ob dies auch bei einer autoimmunbedingten Schilddrüsenunterfunktion möglich ist. Je nach noch vorhandener Schilddrüse und möglicher Regeneration wäre dann eventuell sogar ein Verzicht auf externe Hormongaben möglich.

Allerdings ist eine Veränderung der Lebenssituation nicht immer in ausreichendem Maße möglich. Auch sollte das „Ausschleichen" aus der Tablettengabe nach der vermeintlichen Ursachenbehebung immer sehr genau durch den behandelnden Arzt und entsprechende Blutuntersuchungen überwacht werden.

Leider ist die subklinische Schilddrüsenunterfunktion im Begriff, zu einer Modekrankheit zu werden. Zwar tritt sie in der Tat vermehrt auf bzw. wird aufgrund besserer Informationen vermehrt diagnostiziert. Aber es besteht auch die Gefahr, dass Erziehungsfehler, Erziehungsdefizite oder andere Krankheiten und Ursachen (Deprivationssyndrom, mangelnde Sozialisation) fälschlicherweise als subklinische Schilddrüsenunterfunktion eingeordnet werden. Gerade aufgrund der schwierigen und oft unklaren Diagnose tendieren inzwischen sogar einige Tierärzte dazu, bei niedrigen Schilddrüsenwerten voreilig auf eine subklinische Schilddrüsenunterfunktion hin zu behandeln.

Nicht jeder Hund, der scheinbar „passende" Verhaltensprobleme zeigt, ist auch ein schilddrüsenkranker Hund.

Generell sollten durch eine gründliche medizinische Untersuchung, ein großes Blutbild und eine gründliche Anamnese möglichst viele der schilddrüsenbeeinflussenden Faktoren als Ursache ausgeschlossen werden. Eine Behandlung mit Schilddrüsenhormonen bei einer nicht-schilddrüsenbedingten Hormonreduzierung kann gravierende Folgen haben, wenn darüber die eigentliche Ursache unberücksichtigt bleibt.

DIE UNTERSUCHUNGEN VON JEAN DODDS IN AMERIKA

Die Untersuchungen von Jean Dodds in Amerika werden hier aus verschiedenen Gründen in einem separaten Kapitel behandelt.
Im Gegensatz zu den ansonsten hier gesammelten Informationen, die alle aus Lehrbüchern oder Doktorarbeiten stammen, wurden von Jean Dodds ausschließlich im Internet veröffentlichte Texte herangezogen. Veröffentlichungen in amerikanischen Fachzeitschriften und eventuell dort publizierte Kritiken wurden nicht eruiert, ebenso wenig wie die Original-Studien.

Kritiker zweifeln die Übertragbarkeit der Ergebnisse der Untersuchungen auf Europa an. Hauptkritikpunkt ist dabei das zum Teil unterstellte teilweise andere Hundeverständnis in den USA und damit verbundener Problemerkennung, -akzeptanz und -behebung. Die Ursachenzuweisung (Schilddrüsenunterfunktion) wird als zu sehr am gewünschten Untersuchungsziel orientiert angesehen (besonders hinsichtlich des angenommenen Hundebildes).
Auch wird angeführt, dass viele der Hundehalter, die mit ihren Hunden Eingang in die Studien fanden, zum Teil bereits eine ganze Odyssee an Besuchen bei Tiertherapeuten und Tierärzten hinter sich haben und die Hunde zum Teil eine ganze Reihe von Medikamenten bekommen und bekamen. Eine eindeutige Ursachen-Wirkungs-Beziehung wird daher von den Kritikern bestritten.
Als besonders großes Manko der Studien wird aufgeführt, dass die Verhaltensänderungen der Hunde nach Therapie lediglich durch subjektive Einschätzung der Hundehalter beurteilt wurden.

Weitere Kritikpunkte sind im laufenden Text direkt vermerkt.

Da die Untersuchungen von Dodds jedoch in Deutschland teilweise als richtungsweisend bei der Arbeit mit problematischen Hunden angesehen werden und die Untersuchungen nicht im Ganzen, sondern lediglich im Detail kritisch zu beurteilen sind, sollen sie hier dennoch vorgestellt werden. Aufgrund der mangelnden Überprüfbarkeit der Untersuchungsergebnisse werden diese hier im Wesentlichen lediglich referierend dargestellt und keiner kritischen Prüfung unterzogen. Es werden nur die wichtigsten Punkte der amerikanischen Veröffentlichungen aufgezeigt, also nur ein Auszug aus dem Gesamtmaterial. Einige Informationen decken sich mit den bereits erläuterten Informationen; um aber den Kontext zu erhalten, wurden diese Wiederholungen in Kauf genommen.

Ein Großteil der Untersuchungen wurde federführend durch Dodds veröffentlicht.

Jean Dodds erhielt 1964 ihren Doktortitel mit Auszeichnung an der Ontario University für Veterinärmedizin, Toronto. In den folgenden Jahren widmete sie sich in der Hämatologie des Wadsworth Centers des Staates New York in Albany vergleichenden Studien an Tieren mit erblich bedingten und sonstigen Blutungserkrankungen und übernahm den Vorsitz der Blutbank- und Transfusionsdienstleistungen des Staates New York (New York Council on Human Blood and Transfusion Services). Dodds erhielt für ihre Arbeit diverse Auszeichnungen, unter anderem die Auszeichnung des AVMA Annual Meetings zur herausragenden Veterinärmedizinerin des Jahres 1974 sowie 1977 die Auszeichnung für herausragende Leistungen im Namen der Veterinärmedizin durch die Amerikanische Vereinigung tierärztlicher Kliniken.

1986 gründete sie „Hemopet" in Kalifornien, das erste gemeinnützige nationale Blutspendeprogramm für Tiere. Im Namen von „Hemopet" berät und schult sie heute auf nationaler und internationaler Ebene sowohl Fachpersonal als auch Tierliebhaber und Tierhalter in Sachen Hämatologie, Immunologie, Endokrinologie, Ernährung und ganzheitliche Medizin.

Anmerkungen der Autorin sind kursiv und eingerückt dargestellt.

ÜBERBLICK ÜBER DIE UNTERSUCHUNGEN

Tierärzte in den USA stellten fest, dass immer mehr Hunde mit ähnlich gelagerten Verhaltensproblemen auffielen.

Während einer Untersuchung von 634 dieser verhaltensauffälligen Hunde wurden bei rund 60 % der Hunde Fehlfunktionen im Bereich der Schilddrüse festgestellt. Davon wiesen ca. 80 % eine Autoimmunthyreoditis in einem sehr frühen Stadium auf; weniger als 10 % litten an einer Erkrankung der Hirnanhangsdrüse. Häufig konnten bei den betroffenen Hunden auch weitere Krankheiten festgestellt werden. Diese Krankheiten waren teilweise ebenfalls autoimmun bedingt oder betrafen andere Körperdrüsen, wie z. B. die Bauchspeicheldrüse.

Die schilddrüsenkranken Hunde wurden mit Thyroxin behandelt.
Bei 95 Hunden wurde das Ergebnis der Behandlung durch die Halter selbst anhand einer subjektiven 6-Punkte-Skala eingestuft, und die Angaben wurden statistisch ausgewertet.

- Bei 58 (61 %) dieser Hunde ergaben sich sehr deutliche Verhaltensbesserungen.
- Bei 23 Hunden ergaben sich mehr oder weniger deutliche Besserungen.
- Lediglich bei 10 Hunden ergaben sich keine Besserungen.
- Bei 2 Hunden wurde das Verhalten als schlimmer als vorher beurteilt.

Das heißt, dass nach Angabe der Halter bei rund 85 % der Hunde durch die Thyroxin-Behandlung Verhaltensbesserungen eingetreten sind.

In einer Vergleichsgruppe von 20 als dominanzaggressiv eingestuften Hunden, die zur gleichen Zeit mit nicht näher erläuterten herkömmlichen Methoden behandelt und trainiert wurden, zeigten lediglich 55 % der Hunde (11 Hunde) Besserungen.

> *Anmerkung:*
> *Die Vergleichsgruppe von 20 Hunden kann lediglich Tendenzen aufzeigen.*
> *Auch wäre von Interesse, generell die Erziehungsstile bei den beiden Hundegruppen zu vergleichen. Eventuell kann schon allein ein möglicherweise durchgeführter Wechsel des Erziehungsstils bei den thyroxinbehandelten Hunden hin zu artgerechtem und stressärmerem Training, zu deutlichen Verhaltensbesserungen geführt haben.*
>
> *Nach der Untersuchung von Kathrin Köhler wurde bei rund 20 % der Hunde, die in einer verhaltenstherapeutischen Praxis vorgestellt wurden, eine somatische Ursache, vorwiegend eine (subklinische) Schilddrüsenunterfunktion festgestellt. In der Studie von Dodds jedoch wurden bei 60 % der Hunde eine Schilddrüsenunterfunktion diagnostiziert. Dieser gravierende Unterschied kann eventuell dadurch erklärt werden, dass in den USA eine Jodüberversorgung herrscht. Diese kann zur Bildung von Schilddrüsen-Autoantikörpern und autoimmunbedingter Schilddrüsenunterfunktion führen (s. Kap. 2, S. 63)*

Bei rund 70 % der 140 beim American Kennel Club (AKC) registrierten Rassen tritt die Schilddrüsenunterfunktion vermehrt auf. Es ist kein Zusammenhang zwischen Körpergröße und Anfälligkeit für Schilddrüsenunterfunktion feststellbar.

Bei Untersuchungen von 300 Salukis wurde festgestellt, dass deren üblicher Schilddrüsenhormonspiegel deutlich niedriger ist als der anderer Hunde - allerdings ohne dass damit krankhafte Veränderungen verbunden wären.

Dafür, dass die Autoimmunthyreoiditis in den letzten Jahren vermehrt diagnostiziert wurde, gibt es laut Dodds verschiedene Erklärungen:

- Die vererbliche Disposition für eine Autoimmunthyreoiditis führt gerade bei Hunderassen mit kleinem Genpool zu einer weiten Verbreitung der Krankheit, sofern kein Zuchtausschluss stattfindet.
- Die Hunde werden insgesamt zunehmendem chemischem und umweltbedingtem Stress ausgesetzt; Stress fördert den Ausbruch der Autoimmunkrankheit.
- Die Diagnosemöglichkeiten wurden verbessert.
- Ärzte und Hundehalter sind zunehmend sensibilisiert.

AUTOIMMUNTHYREOIDITIS UND ATROPHIE

Klassischerweise wird mit dem Begriff „Hypothyreose" (Schilddrüsenunterfunktion) ein Krankheitsbild beschrieben, das sich bei einer fast völligen Zerstörung der Schilddrüse und dadurch bereits deutlich abgesunkenen Hormonwerten einstellt. Klassische Symptome sind zum Beispiel Gewichtszunahme, Trägheit, Haut- und Fellprobleme. Genaugenommen ist dieses Krankheitsbild der Schilddrüsenunterfunktion das Endstadium einer sich langsam entwickelnden Krankheit.

Die Autoimmunthyreoiditis bricht häufig zunächst unbemerkt um den Zeitpunkt der Geschlechtsreife aus und entwickelt sich im Laufe des Lebens weiter. Im Zuge der Autoimmunabwehr zerstören die Antikörper zunehmend die Schilddrüse. Zu eindeutigen klinischen Symptomen (und damit zur Diagnose „Hypothyreose") kommt es beim Hund meist erst im mittleren oder höheren Alter, wenn die Schilddrüse bereits zu einem großen Teil zerstört ist. Über den Nachweis der Antikörper ist die Autoimmunthyreoiditis bereits sehr früh erkennbar, in der Regel 2 - 5 Jahre bevor klinische Symptome auftreten. Bei einer Untersuchung von rund 300.000 Hunden waren laut Dodds bei ca. 6 % der Hunde Antikörper gegen Thyreoglobulin (TAK-Bestimmung) oder auch gegen T4 und / oder T3 feststellbar. Die Ergebnisse der Thyreoglobulin-Antikörper-Bestimmung (TAK) können durch zahlreiche Einflüsse verfälscht sein, zum Beispiel:

- bei der Gabe von Schilddrüsenhormone in den letzten 90 Tagen vor der TAK-Bestimmung,
- in einigen Fällen bei einem hohen Titer von Antikörpern gegen T3 oder T4,
- bei Impfungen innerhalb der letzten 30 – 45 Tage vor der TAK-Bestimmung,
- bei einigen Krankheiten, die nicht mit der Schilddrüse in Verbindung stehen, aber einen Hormonabfall bewirken (NTI).

Außer Hunde mit Autoimmunthyreoiditis gab es bei den untersuchten Hunden auch solche, bei denen keine Antikörper nachweisbar waren, die aber Hormonwerte aufwiesen, die grenzwertig waren oder bereits deutlich unterhalb der Referenzwerte lagen. Hierbei traten die grenzwertigen Werte häufig bei Hunden zwischen dem 9. und 15. Monat auf. Wurden diese Hunde mit Thyroxin behandelt, verschwanden die evtl. gezeigten klinischen Symptome sowie die Verhaltenssymptome innerhalb kurzer Zeit.

***Anmerkung:** Der in Deutschland übliche Antikörpertest ist nicht so sensibel wie der in Amerika verwendete. T3- und T4- Antikörpertests für Hunde gibt es in Deutschland nicht bzw. erst seit kurzer Zeit. Bei europäischen Untersuchungen wies auch ein gewisser Prozentsatz von als gesund eingestuften Hunden Autoantikörper auf.*

GENETISCHE UND NATALE DISPOSITION

Der Ausbruch der Autoimmunthyreoiditis setzt eine genetische Disposition voraus. Das heißt, dass das Risiko, des Ausbruchs dieser Krankheit erblich ist. Sie muss aber nicht bei jedem Hund mit einer genetischen Disposition ausbrechen.

Aufgrund der erblichen Disposition sollten betroffene Hunde daher nicht für die Zucht verwendet werden. Bei Zuchthunden sollten jährlich vorsorglich die Schilddrüsenwerte untersucht werden, insbesondere die *TAK-Werte*.

Besonders problematisch ist die genetische Disposition für Autoimmunthyreoiditis bei seltenen Hunderassen. Aufgrund des kleinen Genpools ist die Gefahr groß, dass sich die Autoimmunthyreoiditis innerhalb des Genpools der Rasse zunehmend ausbreitet.

Neben der genetischen Disposition existieren auch direkte Gefährdungen durch eine erkrankte Mutterhündin. Die Antikörper gegen Thyreoglobulin können von der trächtigen Hündin über das Blut an die Welpen weitergegeben werden. Nach der Geburt können die Antikörper über das Colostrum (Vormilch, erste Milch nach der Geburt) vom Welpen aufgenommen werden und dann ebenso wie die selbst produzierten Antikörper zum Ausbruch der Krankheit und zu klinischen Symptomen führen.

ERSTE KLINISCHE SYMPTOME UND BEGLEITERKRANKUNGEN

In den Untersuchungen wurde festgestellt, dass im Laufe der Entwicklung der Autoimmunthyreoiditis zunächst häufig kleinere, unspezifische Probleme auftraten:

- Immunschwächen,
- diverse Allergien (z.T. saisonal bedingt oder gegen Hautparasiten, Futtermittel),
- Hautveränderungen, Fell- und Hautprobleme, starker Juckreiz.

Erst später wurden dann eindeutige klinische Symptome und / oder gravierende Verhaltensprobleme registriert.

Häufig wurden bei den betroffenen Hunden auch weitere Erkrankungen festgestellt oder sie wiesen eine Disposition für weitere Krankheiten auf:

- Abweichungen im Leberprofil, besonders bei Gallensäure und *Gamma-GT* (Gamma-Glutamyl-Transferase),
- Nierenprobleme,

- weitere Autoimmun-Defekte, wie z. B. *AIHA* (Autoimmune hämolytische Anämie), chronische Hepatitis, Diabetes,
- Schmidt-Syndrom: Hypothyreose und Morbus Addison (Nebennierenrindeninsuffizienz).

VERHALTENSÄNDERUNGEN

> "However, behavior is the most complex phenotype because it not only reflects the functioning of the whole organism, but it is dynamic and changes in response to environmental influences."
>
> Dodds DVM: Thyroid can alter Behavior

Verhalten kann man als einen sehr komplexen Ausdruck eines Phänotyps bezeichnen. Der Phänotyp ist das Erscheinungsbild, also die Summe aller feststellbaren Merkmale eines Individuums. Im Verhalten drücken sich sämtliche Körperfunktionen aus, es ist dynamisch und reagiert auf Veränderungen oder Einflüsse der Umwelt.

In den amerikanischen Untersuchungen wurde festgestellt, dass eine Schilddrüsenunterfunktion Verhaltensänderungen bewirken kann. Diese Verhaltensänderungen können so gravierend sein, dass sie durch Training alleine nicht zu ändern sind.

Traten Verhaltensänderungen auf, dann bereits im Frühstadium der Schilddrüsenunterfunktion. Zu diesem Zeitpunkt wurden auftretende klinische Symptome, wie z. B. stumpfes Fell, noch nicht eindeutig einer beginnenden Schilddrüsenerkrankung zugeordnet. Die Verhaltensprobleme begannen häufig in der Pubertät und wurden daher mit der Pubertät bzw. den Sexualhormonen erklärt. Nach einer Kastration schienen die Probleme zwar für eine gewisse Zeit zu verschwinden, traten dann aber wieder auf.

Die genauen Mechanismen, wie sich die Schilddrüsenunterfunktion auf das Verhalten auswirkt, sind noch nicht eindeutig geklärt. Ein Erklärungsmodell greift an der Stressregulation an.

Bei einigen Hunden mit Schilddrüsenunterfunktion wurden erhöhte Cortisolwerte nachgewiesen, was auf einen verzögerten Cortisol-Abbau schließen lässt. Der chronisch hohe Cortisolwert kann die Funktion der Hirnanhangsdrüse unterdrücken und somit auch die Bildung von TSH. Die mangelnde Stimulation der Schilddrüse durch TSH hat eine verminderte Hormonproduktion zur Folge.

Andererseits wird durch den ständig erhöhten Cortisolspiegel Dauerstress vorgetäuscht. Chronischer Stress führt zu Depressionen und zur Beeinträchtigung mentaler Funktionen. Bei ausgeprägten Depressionen ist die Tendenz zu Aggressionen höher, ferner sind die Gehirnaktivitäten und die Reaktionen verändert. Tiere mit Schilddrüsenunterfunktion könnten daher, so die Erklärung, nicht mehr „vernünftig" auf bestimmte Umwelteinflüsse reagieren, sondern nur in einer stereotypen Art.

Letztendlich nimmt Dodds an, dass die Schilddrüsenunterfunktion zu physiologischen Veränderungen auf zellulärer Ebene führt, die sich in einem abnormalen Verhalten ausdrücken. Diese Annahme wird dadurch bestärkt, dass in der Studie innerhalb von maximal 4 - 8 Wochen, meist aber in kürzerer Zeit, durch die Behandlung mit Thyroxin Verhaltensänderungen bei hypothyreoten Hunden erreicht wurden.

Folgende typische Verhaltensänderungen zu Anfang einer Schilddrüsenunterfunktion wurden in der Studie zusammengestellt:

- Hyperventilation, übermäßiges schwitzen (Hecheln),
- Verlust des Geruchssinns,
- schizophrenes Verhalten,
- Unaufmerksamkeit, Aufmerksamkeitsdefizit, geringe Konzentrationsfähigkeit,
- Nervosität, hohe Erregbarkeit,
- zeitweise Desorientierung,
- ständiges Heulen, Jammern,
- fahriges, wirres, launisches Verhalten, sehr geringe Stresstoleranz,
- Unruhe, Unfähigkeit stillzusitzen,
- zwanghaftes Verhalten, stereotype Bewegung,
- Depressionen,
- Passivität.

Diese Verhaltensänderungen traten zum Teil nur zeitweise auf.

> "It´s like they´re not home!" (Es ist, als wären sie nicht zu Hause.)
> Wilkinson: Help for Hypothyreoidism, Seite 18

Weitere auffälligere Verhaltensänderungen konnten in 3 Gruppen eingeteilt werden:

Aggression:
unprovozierte und unberechenbare Aggression, häufig in unbekannten, neuen Situationen. Die Aggression kann laut Studie sowohl gegenüber anderen Tieren als auch gegenüber Menschen, speziell Kindern, gezeigt werden. Dies kann besonders bei großen Rassen zu einem Risiko für alle Beteiligten werden.

Ängstlichkeit:
scheues, ängstliches Verhalten, Unterwürfigkeit, Auf-den-Rücken-Drehen, unterwürfiges Urinieren.

Anfälle:
(epileptische) Anfälle oder anfallartige Beschwerden, beginnend in der Pubertät, unregelmäßig auftretend mit etlichen Wochen oder Monaten Pause oder gehäuft auftretend. Manchmal treten unmittelbar vor oder nach den Anfällen aggressive Schübe auf. Nach den Anfällen / Schüben wirken die Tiere, als würden sie aus einer Trance erwachen und wären sich der vorangegangenen Geschehnisse (Anfall, Aggression) nicht bewusst.

Anmerkung:
Dass aufgrund einer Schilddrüsenunterfunktion eine Aggression vermehrt gegenüber Kindern entsteht, ist zu hinterfragen. Möglich wäre, dass besonders Aggressionen gegenüber Kindern dazu führen, dass der Hund verhaltenstherapeutisch betreut wird.

Unter „Anfällen" sind hier alle spontanen, nicht aus der Gesamtsituation erklärbaren Verhaltensweisen zu verstehen.

DER RICHTIGE HORMONLEVEL

Die üblicherweise angegebenen Hormonwerte für Hunde sind gemäß den amerikanischen Studien deutlich zu niedrig und sollten differenzierter und individuell betrachtet werden.

Junge Hunde haben höhere Hormonwerte als ältere Hunde. So sollten die Hormonwerte junger Hunde (jünger als 15 - 18 Monate) mindestens in der oberen Hälfte der jeweils üblichen Referenzwerte, besser noch im oberen Drittel liegen. Bei älteren Hunden können dagegen niedrigere Werte akzeptabel sein. Bei großen Rassen oder gar Riesenrassen wurden ebenfalls meist niedrigere Werte festgestellt, üblicherweise ungefähr um den Mittelwert der Referenzwerte. Windhunde

(Sighthounds) haben gemäß den Untersuchungen normalerweise Werte, die im unteren Bereich der Referenzwerte bzw. sogar darunter liegen.

Anhand dieser Angaben erstellte Dodds eine neue Referenzwerte-Tabelle, in der für T4 und fT4 je nach Altersgruppe, Rasse bzw. Rassengröße unterschiedliche optimale Werte angegeben werden. Dabei können individuell die untersten tolerierbaren T4- / fT4-Werte (jeweils in Klammern) allerdings noch niedriger liegen als die unteren Referenzwerte. Für T3 und fT3 werden von Dodds einheitliche Werte, unabhängig von Alter oder Rasse, angegeben.

Optimaler Level	T4 (µg/dl)	FT4 (ng/dl)	T3 ng/dl	fT3 pg/ml *
Erwachsene	2 – 4 (1,5)	1 – 3 (1,0)	50 - 150	3 - 8
Welpen, Junghund	2 – 4 (1,75)	1 – 3 (1,0)	50 - 150	3 - 8
alte Hunde	1,5 – 3 (1,5)	0,85 - 1,5 (0,85)	50 - 150	3 - 8
große Rassen	1,5 – 3 (1,5)	0,85 - 2 (0,85)	50 - 150	3 - 8
Windhunde	1 – 3 (0,85)	0,5 - 1,2 (0,4)	50 - 150	3 - 8
Referenzwert D	**1,5 - 4,5**	**0,6 - 3,7**	**20 - 200**	**2,5 - 9,8**

Tabelle 8: Optimalwert und tolerierbare Werte nach Dodds im Vergleich zu Referenzwerten nach Vet-Med-Labor Ludwigsburg (Quelle: Wilkinson 2005)

*(*): **Anmerkung**: Im englischen Originaltext ist die Einheit pg / dl. Dies würde aber einer um eine Zehnerpotenz höheren fT3-Konzentration als der hierzulande feststellbaren entsprechen, vermutlich handelt es sich um einen Tippfehler.*

DIAGNOSE

Zur Bestimmung einer beginnenden Schilddrüsenunterfunktion reicht nach der Studie die Gesamt-T4-Bestimmung nicht aus. Vielmehr kann der Gesamt-T4-Wert auch aufgrund anderer Faktoren, z. B. Medikamente, Stress, hohen Alters oder anderer Krankheiten verändert sein. Auch bei einer TSH-Bestimmung ergaben sich keine so eindeutigen Zusammenhänge zum Schilddrüsenstatus, wie in der Humanmedizin.

Nach den amerikanischen Untersuchungen werden daher bei plötzlichen Verhaltensänderungen junger oder erwachsener Hunde, nach einer gründlichen Anamnese folgende Untersuchungen empfohlen:

1. Untersuchung auf Antikörper gegen Thyreoglobulin, T4 und T3,
2. Hormonbestimmung: T3, T4 (jeweils gesamt und frei) geringe oder grenzwertige Werte deuten auf eine Schilddrüsenunterfunktion hin;
3. ggf. TSH-Stimulationstest: dieser ist jedoch besonders am Anfang einer Schilddrüsenerkrankung nicht unbedingt aussagefähig, da die T4-Reserven meist noch hoch genug sind, um die zusätzliche Stimulation durch TSH auszugleichen.

Die Untersuchungen sollten stattfinden,

- wenn die Hunde geschlechtsreif sind (ab dem 10. – 14. Monat),
- bei Hündinnen im Anöstrus (Zeit zwischen der Läufigkeit), da dann kein bzw. nur ein geringer Einfluss der Sexualhormone auf die Ergebnisse zu erwarten ist.

In den Veröffentlichungen wird darauf hingewiesen, dass verabreichtes Phenobarbital oder Steroide den Schilddrüsenhormonspiegel um ca. 20 – 25 % senken und dies bei der Beurteilung der Schilddrüsenwerte zu berücksichtigen ist.

Es wird empfohlen, generell bei allen Hunden die Schilddrüsenwerte jährlich zu überprüfen. Bei Hunden, mit denen gezüchtet wird, sollte zusätzlich eine Antikörperbestimmung durchgeführt werden.

BEHANDLUNG UND MEDIKATION

Die Behandlung erfolgt durch die Verabreichung von Thyroxin (T4). In besonderen Fällen wird von Dodds die zusätzliche Gabe von T3 als sinnvoll betrachtet, und zwar:

- dauerhaft bei einer Umwandlungsstörung,
- zeitweise, wenn aufgrund gesteigerter Aggressivität eine schnelle Verhaltensänderung notwendig ist.

Bei Hunden, die (epileptische) Anfälle haben, wird eine zusätzliche Behandlung mit einem Antikonvulsivum wie Phenobarbital oder Sodiumbromid empfohlen.

Bei den meisten Hunden (ca. 80 %) traten sehr schnell Verhaltensänderungen auf, meist innerhalb weniger Tage bis zwei Wochen, maximal nach 4 - 8 Wochen. Nach den Erfahrungen von Dodds ist es eher ungewöhnlich, wenn keine Verhaltensbesserung auftritt. Eine Normalisierung des Hormonspiegels im Blut kann allerdings bis zu 3 Wochen dauern. Noch länger, nämlich rund 5 - 7 Monate, dauert es, bis keine Antikörper mehr nachweisbar sind.

Eine Behandlung wird von Dodds auch dann empfohlen, wenn Antikörper zwar nachweisbar sind, aber keinerlei weitere Probleme (wie unklare klinische Symptome oder Verhaltensauffälligkeiten) vorliegen. Durch die Hormongabe wird erreicht, dass die Schilddrüse zeitweise ihre Hormonproduktion einstellt und die Antikörper daher keinen „Angriffspunkt" (in der Schilddrüse, also Thyreoglobulin) haben. Die Lymphozyten verlassen dann das Schilddrüsengewebe und Antikörper werden abgebaut. Es findet also quasi eine Selbstheilung statt. Sind keine Antikörper mehr nachweisbar, kann gemäß Dodds die Therapie mit Thyroxin beendet werden.

Dodds weist darauf hin, dass im Gegensatz zu einem weit verbreiteten Glauben durch die Gabe von T4 nicht die Schilddrüse zerstört wird. Vielmehr beginnt die gesunde Schilddrüse nach dem Absetzen der Tabletten wieder mit der Hormonbildung und hat nach rund 30 Tagen wieder das normale Hormonniveau erreicht. In Fällen unklarer Diagnose wird daher vorgeschlagen, eine gewisse Zeit Thyroxin zu verabreichen. Anschließend wird das Verhalten des Hundes mit dem vor und während der Hormongabe verglichen.

> *Anmerkung:*
> *Hierbei ist allerdings auch die Erwartungshaltung des Halters zu berücksichtigen. Meint er Verbesserungen durch die Tablettengabe festgestellt zu haben, wird er auch Verschlechterungen durch das Absetzen der Tabletten feststellen. Daher sollten unbedingt auch objektive Kriterien herangezogen werden.*

Es sollte jedoch kein Hund ohne fachkundige tierärztliche Untersuchung, medizinische Voruntersuchungen und anschließend entsprechende Nachbetreuung mit T4 und / oder T3 behandelt werden.

In den Studien wird betont, dass starke Schwankungen des Hormonspiegels unbedingt zu vermeiden sind. Daher ist die Medikamentengabe der *Halbwertszeit* der Hormone anzupassen. Bisher wurde empfohlen, die Medikamente nur 1-mal täglich zu geben. Nach einer Studie von Dodds ergaben sich bei einer 1-mal täglichen Tablettengabe jedoch sehr starke Hormonschwankungen im Tagesverlauf. Hingegen konnte bei einer Aufteilung der Dosis auf 2-mal täglich ein gleichmäßigerer Hormonspiegel erreicht werden. Dies verhindert einen Anstieg von TSH. Ein TSH-Anstieg würde die Follikelzellen des Hundes zur Hormonproduktion stimulieren und damit eine Reaktion der Antikörper provozieren. Nur durch einen konstant hohen Hormonlevel kann also eine weitere Zerstörung der Schilddrüse durch eine Autoimmunreaktion verhindert werden.

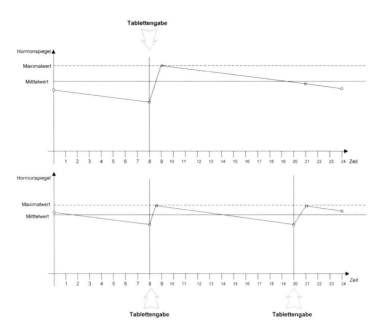

Abbildung 19: Schematische Darstellung der Hormonschwankungen

Die Tabletten sollten nicht ins Futter gemischt, sondern direkt verabreicht werden. Da *Calcium* die Wirkstoffe absorbiert, sollte zwischen der Medikamentengabe und der Gabe von calciumreichem Futter (Knochen) mindestens eine halbe Stunde liegen.

NACHUNTERSUCHUNG

Nach Empfehlung von Dodds sollte rund 8 Wochen nach Therapiebeginn eine Nachuntersuchung durchgeführt werden. Die Tablettengabe sollte ca. 4 - 6 Stunden vor der Blutabnahme stattfinden. Die Werte sollten dann im oberen Drittel des Referenzbereichs liegen.

Bei den meisten Hunden sinkt die Konzentration der Antikörper ab, wenn die Behandlung durchgeführt wird. Dies ist wichtig, da dadurch die weitere Zerstörung der Schilddrüse verhindert wird. Bei Nachuntersuchungen sollte deshalb generell außer dem Hormonspiegel auch der Antikörperstatus ermittelt werden, um festzustellen, ob noch Antikörper vorhanden sind. Bei bereits geschädigter Schilddrüse ist es jedoch wichtig, die Medikation auch nach Verschwinden der Antikörper aufrechtzuerhalten, um ein erneutes Auftreten der Autoimmunkrankheit zu verhindern.
Bei Hunden mit Langzeittherapie sollte sowohl T4 als auch T3 untersucht werden, um sicherzugehen, dass keine Umwandlungsstörung vorliegt.

WEITERE HINWEISE

Eine zusätzliche Behandlung mit individuellen Bachblüten ist gemäß Dodds bei sehr unruhigen Hunden sinnvoll. Zum Beispiel kann Rescue Remedy bei voraussehbaren sehr stressigen Situationen verabreicht werden.

Kommerzielles Futter sollte möglichst keine künstlichen, sondern nur natürliche Konservierungsstoffe enthalten. Es wird ein proteinreduziertes Diätfutter auf Reisbasis empfohlen.

Medikamente mit Sulfonamid sollten vermieden werden. Impfungen sollten erst dann durchgeführt werden, wenn der Hormonspiegel richtig eingestellt ist.
Zur Stärkung des Immunsystems sollten nach Dodds regelmäßig Vitamin E, Ester-C, Echinacea und Knoblauch verabreicht werden.

> *__Anmerkung__: Ester-C ist ein Vitamin-C-Präparat, dem eine bessere Resorption als Vitamin C nachgesagt wird.*
> *Häufig wird vor der zusätzlichen Gabe von Vitamin C gewarnt, da dies schleimhautreizend wirkt und negative Auswirkung auf die Leukozyten haben kann. Echinacea ist teilweise allergieauslösend und auch ein Zuviel an Knoblauch gilt als bedenklich, da es ähnlich wie Zwiebeln die Erythrozyten schädigen könne.*

4. Diagnose der Schilddrüsenunterfunktion

Die Diagnose der Schilddrüsenunterfunktion kann schwierig sein, besonders wenn keine deutlich erkennbaren klinischen Symptome, wie zum Beispiel Fellverlust oder Trägheit, feststellbar sind. Bei einer vollständig ausgebildeten Schilddrüsenunterfunktion sind die Blutwerte eindeutig verändert. In diesem Stadium sind aber bereits mindestens 70 % der Schilddrüse zerstört. Unklare Symptome sind dagegen meist dann zu finden, wenn die Schilddrüse noch zum großen Teil unzerstört ist, noch Hormone produziert, diese aber nicht mehr für alle Bedürfnisse ausreichend sind.

Zur Diagnose können verschiedene Methoden herangezogen werden. Meist wird die Diagnose, sofern erforderlich, gestaffelt durchgeführt. Eine Diagnose sollte auf einer gründlichen Anamnese basieren, die sowohl die Hormonwerte als auch den übrigen Gesundheitszustand und das Verhalten des Hundes unter Berücksichtigung seines Umfelds einbezieht.

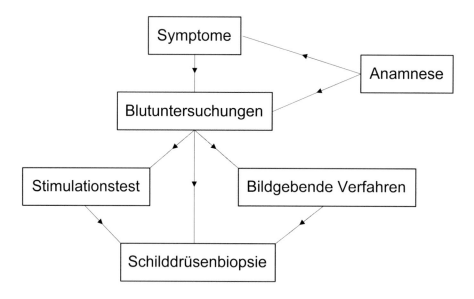

Abbildung 20: Diagnoseschritte

ANAMNESE

Im Zuge der Anamnese werden möglichst alle Aspekte, die zur Krankheitsgeschichte gehören oder gehören könnten, abgefragt. Dies ist besonders bei der subklinischen Schilddrüsenunterfunktion von Bedeutung, da hierbei ein hohes Risiko besteht, andere Erkrankungen mit der beginnenden Schilddrüsenunterfunktion zu verwechseln.

Wichtige Punkte bei der Anamnese sind die Lebensumstände des Hundes, Verhaltensauffälligkeiten, sonstige bestehende oder vorangegangene Erkrankungen, Medikamentengaben und vieles mehr. Da erfahrungsgemäß von den Besitzern einige typische Symptome der Schilddrüsenunterfunktion nicht mit dieser in Zusammenhang gebracht werden, ist es wichtig, dass der Arzt gezielt nachfragt, ohne das Gespräch dabei zu sehr zu lenken oder gewünschte Antworten vorzugeben. Zu einer guten Anamnese gehört daher einige Erfahrung mit schilddrüsenkranken Hunden sowie gute Menschenkenntnis.

Häufig dient als Grundlage der Anamnese ein Fragebogen, dennoch sollte auch auf die besonderen Probleme des Hundehalters eingegangen werden. Findet die Anamnese im Haushalt des Hundehalters statt, hat der Therapeut die Gelegenheit, den Hund in seinem normalen Umfeld zu beobachten, zum Beispiel den Umgang der einzelnen Familienmitglieder mit dem Hund und dessen Reaktionen, seine Ruheplätze, typische Gewohnheiten in der Familie etc. Diese Beobachtungen können durch einen Spaziergang vervollständigt werden, der weitere wichtige Hinweise auf das Verhalten des Hundes und Interaktionen zwischen Hund und Halter, auch außerhalb der gesicherten Wohnung liefert.

Dieses vorbereitende Gespräch kann eine Stunde und länger dauern. Selbst beim Vorliegen „typischer" Symptome sollte nicht darauf verzichtet werden.

Außerdem ist die Erstellung eines Organprofils im Zuge der Diagnostik einer Schilddrüsenunterfunktion aus zwei Gründen erforderlich:

1. eine Reduzierung der Schilddrüsenhormone (besonders T3) kann durch andere Krankheiten, also unabhängig von der Schilddrüse auftreten,
2. bei einer Schilddrüsenunterfunktion können typische geringfügige Verschiebungen im Organprofil oder im Differentialblutbild auftreten.

Das Organprofil wird auch als geriatrisches Profil oder „Großer Check-up" bezeichnet, mit dem sich die wichtigsten Organfunktionen anhand von charakteristischen Blutparametern überprüfen lassen.

Je nach Labor ist die Zusammenstellung der analysierten Blutparameter unterschiedlich. Anhand der Parameter können neben der Schilddrüsenproblematik z.B. Probleme mit der Niere, Leber, Bauchspeicheldrüse und Muskulatur diagnostiziert werden. Außerdem ermöglicht die Analyse der Blutkörperchen im Differentialblutbild z.B. Aussagen über Entzündungsprozesse.

Durch ein Organprofil kann also eine höhere Diagnosesicherheit erreicht werden.

SYMPTOME

Die Schilddrüsenhormone haben vielfältige Funktionen im Organismus. Es ist daher nicht verwunderlich, dass viele verschiedene Symptome auf eine Schilddrüsenunterfunktion hindeuten können. Da die Schilddrüsenunterfunktion sich langsam entwickelt, werden erste Symptome zu Beginn einer Schilddrüsenunterfunktion häufig vom Hundebesitzer nicht bemerkt oder vom Tierarzt nicht eindeutig der beginnenden Schilddrüsenunterfunktion zugeordnet.

Besonders im Bereich der Verhaltensänderungen (Beispiel: Angst, Aggression) und beim Allgemeinbefinden (Beispiel: Immunschwäche) werden in der jüngeren Literatur einige zusätzlich Symptome aufgeführt. Sie stellen die ersten Signale einer beginnenden Schilddrüsenunterfunktion dar. Allerdings ist gerade bei den Verhaltensauffälligkeiten darauf hinzuweisen, dass mögliche Ursachen auch außerhalb des Schilddrüsenkomplexes zu suchen sind. In der nachfolgenden Zusammenstellung werden die Symptome, die in neuerer Literatur genannt sind, separat dargestellt. Insbesondere die den klassischen Symptomen widersprechenden Verhaltensauffälligkeiten, wie Hyperaktivität, sind noch heftig umstritten und meist nur in Publikationen von verhaltenstherapeutisch geschulten Tierärzten zu finden.
Die Schilddrüsenhormone sind stark am Zellstoffwechsel beteiligt. Da Haut und Fell sehr anhaltend wachsende Organe sind, ist es nicht verwunderlich, dass für fortgeschrittene Schilddrüsenerkrankungen Haut- und Fellveränderungen typisch sind. Langfristig treten bei fast allen unbehandelten Hunden mit Schilddrüsenunterfunktion massive Haut- und Fellprobleme auf. Diese Symptome sind in Fachbüchern als typisch klinisches Anzeichen einer Schilddrüsenunterfunktion aufgeführt. Allerdings können sie, wie alle anderen Symptome, auch bei anderen Krankheiten auftreten oder eine eigenständige Krankheit darstellen.
In der folgenden Tabelle sind zahlreiche mögliche Symptome aufgeführt. Zu beachten ist, dass nicht alle Symptome bei allen Hunden auftreten. Vielmehr zeigt fast jeder Hund gerade zu Beginn einer Schilddrüsenunterfunktion andere Symptome.

VERHALTENSÄNDERUNGEN

klassische Symptome:

- plötzliche, „unprovozierte" Aggression
- Reizbarkeit
- Interesselosigkeit, Apathie, Lethargie (Antriebsschwäche)
- Trägheit, Abgestumpftheit, Emotionsarmut
- vermehrtes Schlafbedürfnis

Symptome aus neueren Veröffentlichungen, häufig zu Beginn einer Unterfunktion:

- Persönlichkeitsveränderungen, schizophrenes Verhalten, „Dr. Jeckyll - Mr. Hyde-Syndrom"
- Wutanfälle, „Ausrasten" des Hundes, Stimmungsschwankungen, Launenhaftigkeit, Unberechenbarkeit
- scheues Verhalten, Angst, Phobien, Ängstlichkeit, Unterwürfigkeit
- unablässiges Winseln, Übererregbarkeit, Nervosität, hohe Reaktivität
- Phasen von Hyperaktivität, Unruhe bis hin zur Hysterie
- Zwangshandlungen
- Tunnelblick, Unansprechbarkeit, kognitive Wahrnehmungsstörung
- Konzentrationsschwäche / Konzentrationsmangel, Aufmerksamkeitsdefizite
- Lernschwierigkeiten
- keine Belastbarkeit, schnelle Erschöpfung, verminderte Ausdauer, Leistungsabfall
- Stressanfälligkeit, geringe Stresstoleranz

STOFFWECHSEL- UND ALLGEMEINBEFINDEN

klassische Symptome

- kühle Körperoberfläche, Unterkühlung (Hypothermie)
- Kälteempfindlichkeit (Kälteintoleranz) und vermehrtes Wärmebedürfnis
- gesteigerte Fresslust
- (mäßige) Fettleibigkeit, trotz reduzierter Futtergabe
- Fettleber
- erhöhtes Durstgefühl, *Polydipsie* (erhöhtes Durstgefühl mit vermehrter Wasseraufnahme)
- Wassereinlagerungen

- Ödeme, besonders im Gesicht (trauriger Gesichtsausdruck)
- Blepharoptose (hängende Augenlider)
- Gelenkschmerzen (durch Wassereinlagerungen) mit Schonung (aktiv, passiv)
- Schwellung von Carpus oder Tarsus (Hand- und Fußwurzelknochen)
- Heiserkeit, krächzendes Bellen
- *Kretinismus* (Entwicklungsstörungen an Skelett- und Nervensystem aufgrund von Hormonmangel im Mutterleib)

Symptome aus neueren Veröffentlichungen, häufig zu Beginn einer Unterfunktion:

- schlechte Wundheilung
- erhöhte Infektanfälligkeit
- chronische Immunschwäche (immer wiederkehrende Infektionen)
- chronische Ohreninfektion, z. B. Otitis externa (Erkrankung des äußeren Gehörgangs)
- Verlust des Geruchssinns
- Verlust des Geschmackssinns

BLUTWERTE (außer den Schilddrüsenhormonwerten)

klassische Symptome:

- Hypertriglycerinämie (Fettstoffwechselstörung) aufgrund der Hypercholisterinämie: Ablagerung von Cholesterin in Arterien (Arteriosklerose, in rund 30 % der Fälle)
- Hyperlipoproteinämie (Erhöhung von Cholesterin, Lipoproteinen und Triglyceriden)
- Anstieg der Leberenzyme (bei 20 – 25 % der Hunde)
- vermehrte Umwandlung von Creatin in Creatinin und CPK-Erhöhung (bei 30 %; CPK = Creatinphosphokinase)
- Anämie (Blutarmut): normozytäre, normochrome, nichtregenerative Anämie verursacht durch eine verminderte Erythropoetin-Produktion (je nach Quelle: bei 25 – 50 % der Hunde)
- Lymphopenie (verminderte Lymphozytenzahl)
- erhöhte Cortisolwerte

Symptome aus neueren Veröffentlichungen, häufig zu Beginn einer Unterfunktion:

- verringerte Sauerstoffbindungskapazität, daher vermehrte Bildung von Blutfarbstoff (Hämoglobin) und Anstieg des MCH um das Bindungsdefizit auszugleichen
- Thrombozytopenie (Mangel an Thrombozyten) und aufgrund dessen erhöhte Blutungsneigung, teilweise mit Von-Willebrand-Krankheit (fehlender Blutgerinnungsfaktor) gekoppelt
- Zahl der eosinophilen Granulozyten erhöht

AUGEN

Symptome aus neueren Veröffentlichungen, häufig zu Beginn einer Unterfunktion:

- Korneale Lipidose (durch Hyperlipidämie - Fettablagerungen in der Hornhaut), kristalline Hornhautablagerungen i. d. R. mit dem bloßen Auge sichtbar
- eiternde und geschwürbildende Hornhaut
- Uveitis anterior (Entzündung der Aderhaut des Auges)
- trockenes Auge, Mangel an Tränenflüssigkeit (Keratoconjunctivitis sicca)
- Infektionen der Augenliddrüse (Meibomian-Drüse am inneren Lidrand)
- Vogt-Koyanagi-Harada-Syndrom (Entzündung der Pupille mit wolkigen Herden in der Aderhaut, löst oft eine Netzhautablösung aus)
- Horner-Syndrom (Pupillenstörungen)

NERVENSYSTEM / NEUROMUSKULÄRE SYMPTOME

klassische Symptome

- Muskelschwäche, Muskelschwund, Muskelnekrosen
- allgemeine Schwäche und spinale Hyporeflexie, steifer Gang, Zehenschleifen
- Lähmung peripherer Nerven (lokalisierte periphere Neuropathien): Gesichts- und Vestibularnerven (Gleichgewichtsorgan im Innenohr), Larynxparalysen (Kehlkopflähmung) und / oder Schluckbeschwerden, Fazialislähmung (Lähmung der Gesichtsmuskulatur)
- seltener generalisierte Neuropathien (Nervenleiden) / Myopathien (Muskelleiden), schräge Kopfhaltung

Symptome aus neueren Veröffentlichungen, häufig zu Beginn einer Unterfunktion:

- Bewegungsunsicherheit, Lahmheit
- Bruch von Bändern
- Störung der Hirnfunktionen, neurologische Störungen
- epileptische Anfälle - evtl. ist ein Teil der Epilepsiefälle bei Hunden auf Schilddrüsenunterfunktion zurückzuführen

HERZ-KREISLAUF / KARDIOVASKULARSYSTEM

klassische Symptome

- erniedrigte Herzfrequenz (Bradykardie), Sinusbradykardie
- EKG-Veränderungen (Niederspannungs-EKG mit Abflachung der T-Wellen)
- niedrige EKG-Ausschläge
- schwacher Herzspitzenstoß
- schwacher Puls, weicher Puls
- Herzinsuffizienz (Unvermögen des Herzens, bei Belastung oder Ruhe effizient zu arbeiten), häufig bei Boxern und Dobermann-Pinschern
- Arteriosklerose von Hirn- und Herzgefäßen

STÖRUNGEN / VERÄNDERUNGEN IM FORTPFLANZUNGSBEREICH

klassische Symptome

- Zyklusstörungen und Zyklen ohne stattfindenden Eisprung
- stille (unentdeckte) Läufigkeit
- persistierender Anöstrus (unregelmäßige Läufigkeit), verkürzter Östrus, verlängerter Anöstrus
- Galactorrhoe (Milchfluss, Milchabsonderungen)
- Libidoverlust

Symptome aus neueren Veröffentlichungen, häufig zu Beginn einer Unterfunktion:

- Hodenatrophie (verkümmerter Hoden)
- Unfruchtbarkeit

Verdauungstrakt / Gastrointestinalsystem

klassische Symptome

- Wechsel von Verstopfung und Durchfall

Symptome aus neueren Veröffentlichungen, häufig zu Beginn einer Unterfunktion:

- Regurgitation bei Megaösophagus (Erbrechen / Spucken bei Speiseröhrenerweiterung)

Haut- und Fellprobleme

Klassische Symptome

- therapieresistente Hautinfektionen
- bilateralsymmetrische oder asymmetrische Alopezie (Haarausfall; Alopezie tritt in etwa 10 % der Fälle auf)
- Haare leicht ausziehbar
- Ausbleiben des Haarwachstums nach der Schur
- mattes, glanzloses, struppiges Haarkleid, stumpfes Fell
- frühzeitiges Ergrauen (Canities praecox)
- Hyperpigmentierung (Schwarzfärbung), besonders an Nasenrücken, Rutenansatz, Brust, Flanken und Schenkelinnenflächen
- Seborrhoe (Fett- und Schuppenbildung der Haut), z. T. mit Juckreiz
- „Rattenschwanz", Welpenfell (besonders bei rothaarigen Hunden)
- Myxödem (Einlagerung von Mucopolysacchariden und Proteinen im Korium), daurch vermehrte Wasserbindungskapazität
- Blut-Gewebe-Schranke weist erhöhte Permeabilität für Albumine auf, die sich anreichern, zudem erhöhter Kollagengehalt im Bindegewebe, besonders deutlich bei schwerer Hypothyreose mit Myxödem (s. Kap. 2, S. 60)
- scheinbar verdickte Haut / verdickte, ödematisierte Haut
- Haut wird zunehmend trocken, rau, wachsartig, blass-fahl, leicht eindrückbar im Gesicht und an den Gliedmaßen
- trockene, brüchige Krallen
- Hyperkeratose (Verdickung der Hornschicht)

- Atrophie der Epidermis (Abnahme der Dicke der Oberhaut durch Verminderung der Zellgröße) und Verdickung der Dermis (Lederhaut), z. B. Liegeschwielen, Haut erscheint jedoch wegen Myxödem verdickt
- häufig sekundäre Pyodermien (bakterielle, eitrige Infektion der Haut)
- Komedonenbildung (Schuppung und Verstopfung der Talgdrüsen); Mitesser, dadurch warzenartiges Aussehen
- besonders bei Setter, Golden Retriever, Cocker Spaniel: Hypertrichose (übermäßiger Haarwuchs), wolliges Fell

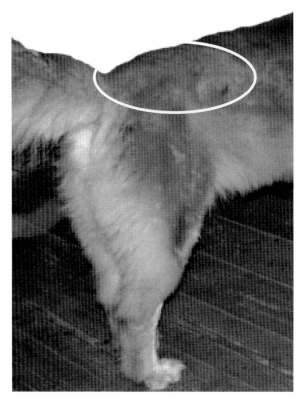

Abbildung 21: Haarausfall am Rücken

BLUTUNTERSUCHUNG

Blut durchfließt den gesamten Körper und dient unter anderem als Transportmittel für Hormone, Nährstoffe, Sauerstoff und vieles mehr. Die Schilddrüsenhormone werden mit dem Blut an ihre Zielorgane transportiert und sind im Blut nachweisbar. Ebenso finden sich verschiedene andere Substanzen im Blut, die Hinweise auf den Schilddrüsenstatus oder zahlreiche andere Krankheiten geben können.

Daher ist eine Blutuntersuchung der erste entscheidende Schritt in der Diagnostik.

Generell wird die Erstellung eines Schilddrüsenprofils in folgenden Fällen empfohlen:

- vorsorglich bei allen Hunden mindestens einmal jährlich mit dem Organprofil, aber auf jeden Fall bei alten Hunden (geriatrisches Profil),
- wenn mit dem Hund gezüchtet werden soll (Antikörperbestimmung!),
- wenn sich plötzliche starke (Verhaltens-)Änderungen ergeben, z. B.
  - Hunde plötzlich ängstlich werden,
  - Hunde aggressiver werden,
  - die erste Läufigkeit lange auf sich warten lässt,
  - Ohrenentzündungen oder sonstige Infekte jeder Behandlung trotzen,
  - Herzrhythmusstörungen festgestellt wurden,
  - epileptische Anfälle auftreten.

Neben der Erstellung eines Organprofils, sollten folgende Parameter bestimmt werden:

- T4: freies T4 und gesamtes T4,
- T3: freies T3 und gesamtes T3,
- TSH,
- Cholesterin,
- ggf. Selen, Zink, Jod,
- Antikörper gegen Thyreoglobulin (TAK, Tg-AK),
- sofern möglich, weitere Antikörper-Tests (Thyreo-Peroxidase [TPO-AK], T3 und T4, TSH-Rezeptor [TRAK]).

Desweiteren sollte eine gründliche ärztliche Untersuchung durchgeführt werden, um z. B. chronische Schmerzen im Bewegungsapparat aufzudecken (orthopädische Ursachen).

4. Diagnose der Schilddrüsenunterfunktion

Die Diagnose einer Schilddrüsenunterfunktion sollte nie nur anhand eines der getesteten Parameter erfolgen, sondern stets aus der zusammenfassenden Beurteilung aller Blutwerte, der Anamnese und der allgemeinmedizinischen Untersuchung.

Bei der Beurteilung der Werte ist zu berücksichtigen, dass der im Blutserum feststellbare Hormonspiegel nicht identisch ist mit der am / im Zielorgan / -gewebe verfügbaren Hormonkonzentration. Trotz eines normalen Hormonwertes im Blutserum kann also eventuell im Zielorgan ein zu niedriger Wert vorliegen.

Da die Sexualhormone einen Einfluss auf die Schilddrüse und deren Hormone haben, sollten unkastrierte Hündinnen nur zwischen den Läufigkeiten (während des Anöstrus) getestet werden. Die optimale Zeit ist ca. 12 - 16 Wochen nach Beginn der letzten Läufigkeit.

Die Blutuntersuchungen sollten frühestens 4 bis 6 Wochen nach einer Impfung erfolgen, ebenso sollte nach einer Wurmkur oder sonstigen belastenden Therapien eine gewisse Zeit abgewartet werden.

Die Blutentnahme sollte beim nüchternen Hund (wegen der Cholesterinbestimmung) und bevorzugt am Vormittag bis Mittag durchgeführt werden.

Bei Verdacht auf eine Schilddrüsenunterfunktion sind in zeitlichen Abständen mindestens zwei oder mehr Blutuntersuchungen zu empfehlen.

Die Auswertung der Blutergebnisse sollte nach einer gründlichen Anamnese durch einen Arzt mit Erfahrungen in Bezug auf Schilddrüsenunterfunktion (z. B. ein Mitglied der Gesellschaft für Tier-Verhaltenstherapie (GTVT), erfolgen.

KURZBEWERTUNG

Ursache / Krankheit	T4	fT4	T3	fT3	TSH
Schilddrüsenüberfunktion	↑↑	↑↑	↑↑	↑↑	↓↓
Jod-induzierte Schilddrüsenüberfunktion	↑↑	↑↑	↑ ±	↑ ±	↓
Umwandlungsstörung von T4 in T3	↑	↑	↓	↓	?
Schilddrüsenunterfunktion	↓↓	↓↓	↓↓	↓↓	↑↑
subklinische Schilddrüsenunterfunktion	↓	↓	↓	↓	↑↑ ↑ ±
sekundäre Schilddrüsenunterfunktion	↓	↓	↓	↓	↓
tertiäre Schilddrüsenunterfunktion	↓	↓	↓	↓	↓
Low-T3-Syndrom	±	±	↓	↓	?
vermutlich schilddrüsenunabhängige Erkrankung	↓	↓	↓ ±	↓ ±	±

Tabelle 9: Orientierender Überblick über mögliche Hormonverschiebungen und Ursachen

↓	erniedrigt		↓↓	stark erniedrigt
↑	erhöht		↑↑	stark erhöht
±	normal, keine Veränderung		?	unklar

In der Tabelle sind einige Erkrankungen und ihre typische Auswirkung auf die Blutkonzentration der Schilddrüsenhormone dargestellt. Als Faustregel gilt: Die Blutwerte der Schilddrüsenhormone sollten mindestens in der Mitte der Referenzwerten liegen. Allerdings haben junge Hunde sowie Hunde kleiner Rassen meist höhere Hormonspiegel. Ältere Hunde, Hunde großer Rassen oder Windhunde niedrigere Werte (s. Abb. 16, S. 74).

CHOLESTERIN

Die Bestimmung des Cholesterinwertes wurde früher vielfach als „Schilddrüsentest" herangezogen. In der Tat ist bei einer Schilddrüsenunterfunktion der Cholesterinwert häufig erhöht: 2/3 der Hunde mit Schilddrüsenunterfunktion haben erhöhte Cholesterin-Werte. Allerdings kann der Cholesterinwert im Anfangsstadium der Schilddrüsenunterfunktion unauffällig sein. Auch kommen zahlreiche andere Faktoren als Ursachen für einen erhöhten Cholesterinwert in Frage, z. B. Störungen anderer Hormondrüsen oder Hypercholesterinämie. Ferner haben auch der Zeitpunkt der letzten Fütterung sowie die Futterzusammensetzung Einfluss auf die Höhe des Cholesterinwertes.

Eine Diagnose, die nur auf der Beurteilung des Cholesterinwertes basiert, kann also zur falschen Einschätzung führen. Daher ist zumindest noch der klinische Befund heranzuziehen.

DER K-WERT

Der k-Wert ist ein Beurteilungshilfsmittel, das aus dem Cholesterinwert und dem T4-Wert (s. Kap. 4, S. 106) gebildet wird. Der k-Wert wird nach folgender Formel (von Larsson) berechnet:

k = 0,7 x fT4 (ng / dl) **- 0,0256 x Serumcholesterin** (mg / dl)
oder
k = 0,7 x fT4 (pmol / l) **- Cholesterin** (mmol / l)

Der k-Wert ist also umso kleiner, je höher der Cholesterinwert und je niedriger der fT4-Wert ist. Kleine k-Werte deuten auf eine Schilddrüsenunterfunktion hin.

Die Beurteilung anhand des k-Werts ist wie folgt:

k-Wert	Beurteilung
> 1	gesunde (euthyroide) Schilddrüse
zwischen -4 und +1	grenzwertiger Befund
< -4	positiver Befund = hypothyreote Schilddrüse

Tabelle 10: Beurteilung anhand des k-Werts

Bei einem grenzwertigen Befund wird die Erstellung eines vollständigen Schilddrüsenprofils (oder deren Wiederholung) oder ein (TSH- / TRH-) Stimulationstest empfohlen.

Der k-Wert kann aus den gleichen Gründen nicht als alleinige Beurteilungsgrundlage dienen wie der Cholesterin- oder der T4-Wert.
Es gibt

- Schilddrüsenunterfunktion ohne Plasmacholesterinerhöhung,
- Erkrankungen mit hohem Cholesterinspiegel, unabhängig von der Schilddrüse,
- Erkrankungen mit niedrigem T4-Wert, unabhängig von der Schilddrüse.

Daher können auch Tiere mit anderen Erkrankungen als einer Schilddrüsenunterfunktion sehr niedrige k-Werte aufweisen und der k-Wert kann bei Tieren mit Schilddrüsenunterfunktion relativ hoch sein. Die Diagnose allein anhand des k-Werts kann also zu irreführenden bzw. unzuverlässigen Ergebnissen führen und ist daher überholt.

DAS HORMON T3

Ein Großteil des T3 wird außerhalb der Schilddrüse – in Leber, Niere oder Muskulatur – aus T4 gebildet. Viele Hunde mit nicht-schilddrüsenbedingten Erkrankungen (NTI) haben niedrige T3-Spiegel (zugunsten erhöhter rT3-Werte). Dagegen hat fast die Hälfte der Hunde mit Schilddrüsenunterfunktion normale T3-Spiegel.

Zur Beurteilung der Schilddrüsenfunktion ist T3 alleine daher ungeeignet. Die T3-Wert-Bestimmung dient zur:

- Identifizierung einer Umwandlungsstörung (Konversionsstörung T4 zu T3),
- Identifizierung einer isolierten T3-Hyperthyreose,
- Hilfe bei der Abgrenzung von Schilddrüsenerkrankungen gegenüber NTI.

Die Messgenauigkeit ist bei T3 relativ ungenau, da das Messverfahren aus dem Humanbereich übernommen wurde und nicht an die geringeren T3-Konzentrationen bei Hunden angepasst ist.

Die Analyse des freien T3 (fT3) sollte bald nach der Blutabnahme erfolgen, da es sehr instabil ist.

DAS HORMON T4

Eine fortgeschrittene Schilddrüse**über**funktion lässt sich im Allgemeinen durch die T4-Bestimmung relativ eindeutig diagnostizieren. Dagegen ist der T4-Wert allein bei der Diagnose einer Schilddrüsenunterfunktion, insbesondere einer beginnenden, nicht hinreichend aussagefähig. Es wird zwischen an Protein gebundenem T4 und freiem T4 (fT4) unterschieden. fT4 ist die biologisch aktive Form des T4. Zusammen bilden sie das Serum- oder Gesamt-T4. Alles Serum-T4 wird in der Schilddrüse gebildet. Daher ist T4, besonders fT4, ein relativ guter Indikator für die Schilddrüsenfunktion. Allerdings sind bei der Beurteilung des T4-Werts folgende Punkte zu beachten:

- Die Grenzwerte bei gesunden Hunden und Hunden mit Unterfunktion überschneiden sich (s. Kap. 3, S. 71).
- Diverse Krankheiten beeinflussen die Schilddrüsenfunktion (NTI).
- Zahlreiche weitere Faktoren, unabhängig von der Schilddrüse, beeinflussen den T4-Spiegel.

Eine Schilddrüsenunterfunktion kann man also nicht nur auf Basis eines niedrigen T4-Werts diagnostizieren. Dagegen hat ein T4-Spiegel im Normalbereich eine große Aussagekraft: Eine Schilddrüsenunterfunktion ist dann eher unwahrscheinlich. Allerdings ist auch diese Aussage mit Vorsicht zu genießen: bei Hunden mit zirkulierenden T4-Autoantikörpern kann der T4-Wert trotz daraus resultierendem T4-Mangel falsch erhöht sein, also innerhalb der Norm liegen. Hieran ist insbesondere zu denken, wenn die T4-Werte hoch, aber die fT4-Werte niedrig sind. Zudem sind auch hier individuelle Optimalwerte zu berücksichtigen, die eventuell deutlich über der Norm liegen würden.

Die T4-Wert-Bestimmung ist angebracht:

- um ein wichtiges Indiz hinsichtlich einer Schilddrüsenunterfunktion zu gewinnen,
- zur Diagnose einer Schilddrüsenüberfunktion,
- bei der Durchführung von Schilddrüsen-Suppressions- und -Stimulationstests,
- bei der Verlaufskontrolle von Schilddrüsenerkrankungen in der Therapie.

Die Menge des freien T4 (fT4) ermöglicht prinzipiell eine relativ gute Aussage über die Funktion der Schilddrüse. Allerdings können auch hier, wie beim Gesamt-T4, gesunde Hunde zu niedrige Werte aufweisen oder kranke Hunde normale Werte. Auch wird fT4 von einigen Medikamenten und Erkrankungen beeinflusst (s. Kap. 1, S. 47). Die exakte Analyse ist aufwendiger als beim Gesamt-T4, da für genaue Aussagen eine Equilibriumsdialyse notwendig ist.

Die Analyse des freien T4 (fT4) sollte wie die des freien T3 bald nach der Blutabnahme erfolgen, da es instabil ist.

> In der Analytik wird zwischen RIA, ELISA und Equilibriumsdialyse unterschieden.
>
> Die Analyse mittels RIA (Radio immuno essays) hat den Nachteil, dass diese auf relativ hohe T4-Konzentrationen ausgelegt sind, wie sie in der Humanmedizin von Bedeutung sind. In der Tiermedizin liegen jedoch niedrigere Konzentrationen vor. Bei Hunden (und Katzen) werden daher im Bereich der Schilddrüsenunterfunktion keine guten Ergebnisse erzielt. Hier liefert die Auswertung über ELISA bessere Ergebnisse. Die Hormonbestimmung mittels ELISA erfolgt anhand radioaktiv bzw. enzymatisch markierten Materials.
>
> Die **Equilibriumsdialyse** ist zuverlässiger als ELISA, kann aber im Allgemeinen nur in Speziallaboren durchgeführt werden. In der Veterinärmedizin ist die Equilibriumsdialyse jedoch aus Kostengründen in der Regel uninteressant. In der Schweiz wird sie nicht durchgeführt. Wird die fT4-Bestimmung mittels Equilibriumsdialyse durchgeführt (fT4ED), hat dieser Wert eine höhere Aussagekraft als der des (Gesamt-)T4: Gesunde oder an anderen Erkrankungen leidende Patienten haben seltener tiefere fT4ED-Werte als tiefe T4-Werte. Die Erfassung des fT4 mittels anderer Methoden (ELISA, RIA) ist sehr ungenau und lässt die Diagnose einer Schilddrüsenunterfunktion nicht zu.

TSH

Eine primäre Schilddrüsenunterfunktion bewirkt ein Absinken der Schilddrüsenhormonspiegel. Bei einem ansonsten gesunden Hund müsste bei Absinken des Schilddrüsenhormonspiegels die Konzentration der beiden die Schilddrüse regulierenden Hormone TSH und TRH ansteigen, um eine höhere Hormonproduktion der Schilddrüse zu bewirken. Bei Hunden mit einer primären Schilddrüsenunterfunktion ist also zu erwarten, dass sie einen erhöhten TSH-Spiegel haben. Leider lässt der TSH-Wert keine eindeutigen Aussagen zu:

- Es wurde festgestellt, dass bei rund 20 – 25 % (nach anderen Quellen: 25 – 40 %) der Hunde mit Schilddrüsenunterfunktion der TSH-Wert im Normalbereich liegt. Mittels eines TSH-Stimulationstests konnten diese Hunde jedoch eindeutig als Hunde mit einer Schilddrüsenunterfunktion erkannt werden. Der Verdacht liegt nahe, dass der TSH-Test zu ungenau ist oder sich die Hirnanhangsdrüse bei einer länger bestehenden Schilddrüsenunterfunktion erschöpft und kein TSH mehr produziert.

- Ein gewisser Anteil gesunder Hunde (15 – 20 %) hat erhöhte TSH-Werte. Dies könnte zwar auf eine beginnende Schilddrüsenunterfunktion, aber auch auf die Erholung nach einer anderen Erkrankung hindeuten.
- Der TSH-Wert kann durch Medikamente verfälscht sein, z. B. kann eine künstliche Erhöhung durch Sulfonamide oder Phenobarbital vorliegen, z. B. sulfonamidinduzierte Schilddrüsenunterfunktion (s. Kap. 1, S. 47 und Kap. 2, S. 69).
- Der TSH-Wert unterliegt tageszyklischen Schwankungen und „hinkt" dem jeweils wieder abfallenden T4-Werts hinterher. Die Blutabnahme kann also in einem TSH-Tief erfolgt sein.

Der TSH-Wert sollte daher immer nur in Zusammenhang mit anderen spezifischen Blutwerten interpretiert werden. Niedrige T4 / fT4-Werte und hoher TSH-Wert sprechen für eine Schilddrüsenunterfunktion. Liegen dagegen alle Werte deutlich innerhalb der Norm, kann eine Schilddrüsenunterfunktion ausgeschlossen werden. Alle anderen Konstellationen der Werte (z. B. grenzgängige Hormonwerte und normaler TSH-Wert) sind schwierig zu interpretieren.

Bei Verdacht auf eine Schilddrüsenunterfunktion sollte der TSH-Wert auf jeden Fall bestimmt werden, allerdings mindestens zusammen mit Gesamt-T4 und freiem T4.

Antikörpertests

Wie schon erwähnt, können Hunde gegen verschiedene Komponenten des Schilddrüsensystems Antikörper entwickeln:

- gegen die Hormone T3 und T4, entsprechende Antikörpertests sind in Deutschland für Hunde nicht verfügbar (bzw. gerade erst auf dem Markt und noch nicht in der Diagnostik üblich);
- gegen das Schilddrüsenenzym Thyreo-Peroxidase, (TPO-AK): dieser Antikörpertest ist in Deutschland für Hunde nicht verfügbar;
- gegen das „Schilddrüsenprotein" Thyreoglobulin, *(TAK)*.

Bei Hunden mit einer Autoimmunthyreoiditis können häufig Antikörper gegen Thyreoglobulin (TAK) nachgewiesen werden. Allerdings ist der diagnostische Wert sehr umstritten. Zum einen werden bei einem gewissen Prozentsatz gesunder Hunde ebenfalls solche Antikörper festgestellt. Zum anderen weist nur ein Teil der Hunde mit einer Schilddrüsenunterfunktion Antikörper gegen Thyreoglobulin auf.

In Untersuchungen wurden Thyreoglobulin-Antikörper zum Beispiel festgestellt bei:

- 14 % der euthyreoten Hunde (Hunde mit gesunder Schilddrüse),
- 25 % der Hunde mit NTI (also reduzierte Schilddrüsenhormone aufgrund einer nicht schilddrüsenbedingten Erkrankung),
- 38 % der hypothyreoten Hunde (Hunde mit Schilddrüsenunterfunktion).

Das heißt: Sowohl bei den Hunden ohne Autoimmunthyreoiditis als auch bei denen mit Autoimmunthyreoiditis lag der Anteil der Hunde mit Antikörpern gegen Thyreoglobulin bei rund 40 %. Ähnlich verwirrende Ergebnisse wurden auch bei T4- und T3-Antikörpern festgestellt. Für diese Ergebnisse gibt es zwei Erklärungsmodelle:

1. Nur circa die Hälfte der Schilddrüsenunterfunktionen bei Hunden hat ihre Ursache in einer Autoimmunkrankheit. Die übrigen Schilddrüsenunterfunktionen haben eine bisher unbekannte Ursache.

2. Bei den hypothyreoten Hunden ohne Antikörper handelt es sich um Hunde, die sich im Endstadium einer Autoimmunthyreoiditis befinden. Antikörper werden zu diesem Zeitpunkt nicht mehr gebildet, da die Schilddrüse und das Thyreoglobulin schon weitestgehend zerstört sind.

In der Tat ist der Antikörpertiter bei Hunden, die noch keine klinischen Symptome zeigen, am höchsten. Mit zunehmender Zerstörung der Schilddrüse, also im Verlauf der Krankheit, sinkt der Antikörpertiter ab. Antikörper sind ebenfalls nicht nachweisbar, wenn eine Hormonsubstitution stattfindet. Die Schilddrüse produziert dann keine Hormone (ist nicht aktiv) und „provoziert" keine Antikörper. Ein erhöhter *Antikörper-Spiegel* kann also, muss aber nicht, auf eine Schilddrüsenunterfunktion hindeuten; ein niedriger Antikörper-Spiegel schließt eine Schilddrüsenunterfunktion nicht aus.

Ein Antikörpertest gegen Thyreoglobulin sollte (trotz aller Unsicherheiten) durchgeführt werden bei Hunden,

- bei denen ein Verdacht auf eine Autoimmunthyreoiditis besteht, um eventuelle mögliche Frühformen einer Erkrankung zu erkennen,
- mit denen gezüchtet werden soll,
- bei denen eine familiäre Disposition besteht (z. B. wenn bei Wurfgeschwistern eine Autoimmunthyreoiditis festgestellt wurde),
- die einer disponierten Rasse (s. Kap. 2, S. 64) angehören.

Zu beachten ist, dass Hunde nach einer Impfung Thyreoglobulin-Antikörper bilden, deren Konzentration erst im Laufe der Zeit wieder abfällt. Daher sollten die Blutwerte frühestens 4 - 6 Wochen nach einer Impfung bestimmt werden.

THERAPIEVERSUCH / DIAGNOSTISCHER TEST

Eine eindeutige Diagnose einer Schilddrüsenunterfunktion anhand der Blutwerte kann schwierig sein. Häufig wird die zusätzliche Durchführung eines TSH-Stimulationstests empfohlen; dieser reagiert jedoch erst, wenn die Schilddrüsenunterfunktion schon weit fortgeschritten ist. Häufig ist man daher ausschließlich auf die Interpretation der Schilddrüsenhormonwerte in Verbindung mit dem TSH-Wert und den anderen Blutwerten angewiesen. Allerdings ist dann eine zweifelsfreie Diagnose nicht immer möglich. Kann eine andere Grunderkrankung sicher ausgeschlossen werden, so kann ein Therapieversuch mit Schilddrüsenhormonen durchgeführt werden. Dabei ist mittels Blutuntersuchungen sicherzustellen, dass die gewünschten Hormonspiegel auch tatsächlich erreicht werden.

Bei erkrankten Hunden zeigen sich im Verhalten unter einer Thyroxin-Substitution Besserungen. Dies sollte möglichst anhand eindeutiger Kriterien oder neutraler Personen überprüft werden, um einen *Placeboeffekt* beim Hundehalter auszuschließen. Eine Besserung bei unspezifischen Symptomen - z. B. Abheilen einer bisher therapieresistenten Erkrankung – bietet eine objektive Beurteilungsgrundlage.

Nach einer gewissen Zeit wird die Substitution beendet / unterbrochen. Nach Absetzen der Tabletten braucht der Regelkreis Hypothalamus-Hypophyse-Schilddrüse mindestens 4 Wochen, um sich wieder einzuregulieren. Wurde der Therapieversuch längere Zeit, z. B. über 2 - 3 Monate, durchgeführt, ist die Dosis langsam zu reduzieren. Treten die Verhaltensänderungen und die unspezifischen Symptome dann wieder auf, ist anzunehmen, dass diese von Erkrankungen der Schilddrüse herrühren.

Die durch den Therapieversuch ermittelten Befunde sind ebenfalls nicht eindeutig:

- Lethargie, Übergewicht und Alopezie (Haarausfall) können sich durch die Hormongabe mehr oder weniger verbessern, unabhängig von den tatsächlich zugrundeliegenden Ursachen der klinischen Symptome.
- Thyroxingaben können das Haarwachstum auch bei Hunden ohne Haarprobleme und Schilddrüsenunterfunktion fördern.
- Bezogen auf Verhaltensprobleme ist die Beurteilung des Behandlungserfolgs meist schwierig und subjektiv.
- Gelegentlich tritt ein gewisser *Placeboeffekt* beim Hundehalter auf. Die positive Erwartungshaltung des Halters führt zu einer tatsächlichen oder vermeintlichen Besserung nach Therapiebeginn: "Endlich wird uns geholfen!". Entsprechend treten dann erwartungsgemäß Verschlechterungen nach Absetzen der Tabletten auf: "O Gott – nun geht das wieder los!"

STIMULATIONSTESTS

Bei Stimulationstests wird die Schilddrüse durch gezielte Verabreichung von Hormonen der höheren Hierarchie-Ebenen (also TSH oder TRH) angeregt. So lässt sich dann ermitteln, ob noch Reaktionen der Schilddrüse auf die Stimulation möglich sind.

Erhöht sich der Schilddrüsenhormonspiegel merklich, hat die Schilddrüse offensichtlich ausreichend Kapazitäten, um Hormone zu produzieren. Die Ursache der (zuvor) diagnostizierten niedrigen Schilddrüsenhormonspiegel muss daher außerhalb der Schilddrüse liegen, z. B. im Zwischenhirn, der Hirnanhangsdrüse oder in einem ganz anderen Bereich.

Diese Tests ermöglichen also die Bestimmung des Schilddrüsenpotenzials. Allerdings können sie gerade bei Beginn einer Schilddrüsenunterfunktion falsche Ergebnisse liefern. Ferner können die Ergebnisse auch durch Medikamente und / oder systemische Erkrankungen beeinflusst werden.

Um die Ergebnisse nicht zu verfälschen, sollten die Hunde vorher mindestens 6 Wochen keinerlei Medikamente erhalten.

TSH-STIMULATIONSTEST

Beim TSH-Stimulationstest wird durch extern zugeführtes TSH geprüft, ob die Schilddrüse sich zu einer Hormonproduktion stimulieren lässt. Bei Tieren mit einer gesunden Schilddrüse ist nach 5 - 6 Stunden ein Anstieg der T3- und T4-Konzentrationen im Plasma feststellbar. Bei Hunden mit primärer Schilddrüsenunterfunktion findet dagegen kein oder nur ein geringer Anstieg der Hormonkonzentration statt.

Ein einheitliches Verfahren gibt es für diesen Test nicht. In der Regel wird TSH aber mindestens zweimal verabreicht. Durch eine einmalige Gabe von TSH ist eine Differenzierung von primärer und sekundärer Schilddrüsenunterfunktion nicht möglich, da auch bei einer sekundären Schilddrüsenunterfunktion die Schilddrüse nicht auf eine einmalige Gabe von exogenem TSH reagiert.

Allerdings ist die Aussagefähigkeit und Eindeutigkeit dieses Tests heftig umstritten.

Friedemann Döcke schreibt zum TSH-Stimulationstest:

> „Der Test ermöglicht die Bestimmung der Schilddrüsenreserve. [...] Nach Jacobs et al. (1987) ist dieser Test aber wahrscheinlich nicht für die Erfassung des Hypothyreoidismus beim Hund geeignet."
>
> Friedemann Döcke (Hrsg): Veterinärmedizinische Endokrinologie, S. 264

Christiane Quandt gibt in einer persönlichen Mitteilung (2006) an, dass ein Schilddrüsenstimulationstest bei verhaltensauffälligen Hunden in der Regel nicht erforderlich oder sinnvoll ist, weil meist noch genügend funktionierendes Schilddrüsengewebe vorhanden ist. Es sind noch genügend Reserven vorhanden, um (kurzzeitig) höhere Hormonkonzentrationen zu erzeugen. Der Stimulationstest zeigt dann eine normale Reaktion an, obwohl die Schilddrüse bereits erkrankt ist.

Dagegen bezeichnen Reese et. al. (GKV) diesen Test als sehr bewährt und zuverlässig. Kraft und Dürr betrachten ihn gar als einzig zuverlässige Überprüfung des Funktionszustands der Schilddrüse.

Die Ergebnisse des Stimulationstests können durch Medikamentengabe verfälscht sein. Ein weiteres Problem ist, dass es Unverträglichkeitsreaktionen gegen das körperfremde Eiweiß (TSH) geben kann.

Die Verfügbarkeit des TSH-Stimulationstest ist in Deutschland nicht immer problemlos. Zeitweise war er gar nicht erhältlich.

TRH-STIMULATIONSTEST

Der TRH-Stimulationstest wurde zeitweise als Ersatz für den TSH-Stimulationstest verwendet. Beim TRH-Stimulationstest wird körperfremdes TRH zugeführt. Dieses regt zum einen die Hirnanhangsdrüse (Hypophyse) zur Ausschüttung von TSH an; zum anderen stimuliert es, zusammen mit TSH, die Schilddrüse direkt.

Gemessen wird im Idealfall sowohl der Anstieg des TSH im Serum (direkte Reaktion) als auch der Anstieg der Schilddrüsenhormone im Plasma (indirekte Reaktion). Ein Ausbleiben eines TSH-Anstiegs deutet auf eine Fehlfunktion der Hirnanhangsdrüse hin: Durch eine nicht ausreichende TSH-Ausschüttung ergibt sich eine sekundäre Schilddrüsenunterfunktion.

Eine überstarke oder verzögerte TSH-Reaktion lässt auf Ausfälle oder Erkrankungen im Bereich des Zwischenhirns (Hypothalamus) schließen. Daraus lässt sich ein tertiärer Hypothyreoidismus ableiten, also eine Schilddrüsenunterfunktion aufgrund einer reduzierten TRH-Produktion.

Häufige Nebenwirkungen beim TRH-Stimulationstest sind Speicheln, Erbrechen, Tachykardie (Herzjagen), Miose (Pupillenverengung).

Die Interpretation der Ergebnisse des TRH-Stimualtionstests kann schwierig sein.

Der TRH-Stimulationstest ist unzuverlässiger als der TSH-Stimulationstest:
Der TRH-Stimulationstest greift von einer "höheren" Ebene aus und über Zwischenstadien in das Schilddrüsengeschehen ein. Vergleichbar mit dem Spiel "Stille Post", bei dem bei jeder Person eine kleine Variation des geflüsterten Wortes stattfindet, beeinflussen die zwischengeschaltete Hirnanhangsdrüse sowie andere Einflussfaktoren die Wirkung des TRH. Der Einfluss des TRH auf die Schilddrüse ist somit relativ geringer (aber dennoch vorhanden). Daher ist die Veränderung der T4-Konzentration kleiner als beim TSH-Stimulationstest und variiert individuell stärker als nach einer TSH-Gabe.

Nicht bei allen Hunden erfolgt eine eindeutige TSH-Erhöhung:
Nach den Angaben des Labors Laupeneck (2003) erfolgt nicht bei allen Hunden eine Erhöhung des TSH-Spiegels aufgrund der TRH-Stimulation, wohl aber eine Erhöhung des T4-Spiegels. Einige Hunde weisen einen krankhaft erhöhten TSH-Spiegel auf, haben aber einen normalen T4-Spiegel und normale Reaktionen auf die TRH-Stimulation.

Die hormonelle Ausgangslage ist relevant:
Hohe Ausgangsspiegel der Schilddrüsenhormone hemmen die Reaktionen von TSH und der Schilddrüsenhormone auf die TRH-Gabe.

Es kann also festgehalten werden, dass der TRH-Stimulationstest nur eine eingeschränkte Aussagekraft besitzt.

BILDGEBENDE VERFAHREN

SZINTIGRAFIE

Zur Szintigrafie wird dem Hund eine radioaktive Substanz (Jod oder ^{99m}Tc-Pertechnetat) verabreicht, die in der Schilddrüse angereichert wird. Beim radioaktiven Zerfall der Substanz werden Lichtblitze abgegeben, die von speziellen Geräten aufgefangen und in ein Bild umgesetzt werden können.

Die Szintigrafie ermöglicht es, die Funktionsfähigkeit der Schilddrüse zu beurteilen. Gesundes und somit aktives Schilddrüsengewebe nimmt die radioaktiven Substanzen auf. Je mehr davon in einem Bereich aufgenommen wurde, desto aktiver, also produktiver, ist dieser Bereich. Je mehr radioaktive Substanzen in einem Bereich eingelagert sind, desto mehr Lichtblitze sind messbar.

Die Szintigrafie wird hauptsächlich bei einer Schilddrüsenüberfunktion eingesetzt und / oder bei Verdacht auf Schilddrüsentumore. Durch die Szintigrafie ist das Ausmaß einer Schilddrüsenvergrößerung erfassbar und eventuell nach Aktivierung durch TRH oder TSH auch der Nachweis von Schilddrüsenektopien (Verlagerungen) oder von einigen Tumoren und neugebildeten Knoten möglich. Die Knoten werden, je nachdem, wie viel radioaktives Material eingelagert wurde, als kalt (keine Einlagerung), warm oder heiß (starke Einlagerung) eingestuft.

SONOGRAFIE

Bei der *Sonografie* oder Ultraschalluntersuchung macht man es sich zunutze, dass unterschiedliche Gewebetypen den Ultraschall unterschiedlich gut reflektieren, also eine unterschiedliche Echogenität aufweisen. Die Echogenität der Schilddrüse ist geringer als die des umgebenden Bindegewebes, aber stärker als die der umgebenden Muskulatur. Mittels einer Ultraschalluntersuchung können so morphologische Veränderungen und Neubildungen der Schilddrüse dargestellt werden. Besteht eine autoimmune Thyreoiditis bereits längere Zeit, können durch Ultraschalluntersuchungen typische Veränderungen festgestellt werden. Erkranktes Gewebe ist unter anderem echoärmer. Besonders bei Verdacht auf Schilddrüsenüberfunktion liefert die Sonografie wichtige Informationen über Größe, Struktur, Echogenität und Blutversorgung der Schilddrüse.

Anhand von Referenzdaten zur Schilddrüsengröße und Struktur bei gesunden Hunden, können Abweichungen ermittelt werden. Aufgrund der unterschiedlichen Rassengrößen streuen diese Werte jedoch stärker als zum Beispiel im Humanbereich.

Inzwischen wurden Standards entwickelt, aufgrund derer der signifikante Größenunterschied der Schilddrüse bei gesunden Hunden und Hunden mit Schilddrüsenunterfunktion eindeutig feststellbar ist. Es ist zu hoffen, dass die Sonografie daher in Zukunft aufwendige Blutuntersuchungen zur Diagnose einer Schilddrüsenunterfunktion ergänzen oder gar ersetzen kann.

RÖNTGEN

In seltenen Fällen kann eine Röntgenuntersuchung nützlich sein, z. B. um die verzögerte Verknöcherung von Knochenspalten (Ossifikation der Epiphysen) bei einer angeborenen Schilddrüsenunterfunktion zu ermitteln.

Bei einem Verdacht auf Schilddrüsenüberfunktion kann das Röntgen des Brustkorbs bzw. des Halses bei einem Kropf Hinweise auf Schilddrüsentumore und Tumormetastasen geben.

SCHILDDRÜSENBIOPSIE

Bei der Biopsie werden Gewebeproben aus der Schilddrüse entnommen und untersucht.

Der einzige Test zur Erfassung der primären Schilddrüsenunterfunktion ist die Schilddrüsenbiopsie. Sie liefert Hinweise auf die zugrundeliegende Art der Schilddrüsenveränderungen (maligner Tumor, Adenom, Zyste, Atrophie). Jedoch kann im Anfangsstadium einer Schilddrüsenunterfunktion bei der Biopsie eventuell nur gesundes Gewebe erfasst werden und daher eine falsche Diagnose erstellt werden. Die Schilddrüsenzytologie ist sehr anspruchsvoll und sollte einem Spezialisten überlassen werden.

5. DER KRANKE HUND - PRAKTISCHE TIPPS

ÜBERBLICK

Hunde mit Schilddrüsenunterfunktion sind kranke Hunde. Schilddrüsenunterfunktion ist nicht heilbar, das heißt, der Hund ist für den Rest seines Lebens auf die externe Zuführung der Schilddrüsenhormone angewiesen. Die Hormongabe erfolgt in Form von Tabletten.

Die Hunde müssen regelmäßig untersucht werden, da durch die Schilddrüsenunterfunktion die Gefahr von Folgekrankheiten besteht. Besonders bei der autoimmunbedingten Schilddrüsenunterfunktion kann der gesamte Organismus mehr oder weniger in Mitleidenschaft gezogen sein. Umso wichtiger ist es für den Besitzer, sich möglichst gut mit dieser Krankheit, den Auswirkungen im Alltag und weiteren Randbedingungen auszukennen.

DIE DIAGNOSE

Die in den Lehrbüchern dargestellten Symptome sind bei einer bereits deutlich ausgeprägten Schilddrüsenunterfunktion feststellbar. Zu Beginn einer Schilddrüsenunterfunktion sind die Symptome jedoch nicht unbedingt eindeutig. Daher ist besonders bei der beginnenden Schilddrüsenunterfunktion das größte Problem, einen Arzt zu finden, der diesbezüglich ausreichend Erfahrung besitzt, um die richtige Diagnose stellen zu können.

Viele Tierärzte denken erst bei eindeutigen klinischen Symptomen an eine Schilddrüsenunterfunktion. Beim Blutbild orientieren sie sich an den Referenzwerten der Labore und diagnostizieren eine Schilddrüsenunterfunktion erst bei deren deutlichem Unterschreiten. Ergänzend wird zur Beurteilung häufig der TSH-Wert als ausschlaggebendes Kriterium hinzugezogen. Selbst fast klassische Verhaltensänderungen, wie Aggression und Reizbarkeit, werden unabhängig von der Schilddrüsenunterfunktion gesehen oder sogar als Überfunktionsanzeichen eingestuft.

Bedauerlicherweise gibt es auch Tierärzte am anderen Ende der Skala: Bereits bei einer geringfügigen Unterschreitung des Mittelwerts wird ohne vorherige gründliche Anamnese die Diagnose "subklinische Schilddrüsenunterfunktion" gestellt. Als Hundehalter sollte man daher vor allem auf die Durchführung einer gründlichen Anamnese und die Erstellung eines Organprofils achten.

Bei Verdacht auf eine beginnende Schilddrüsenunterfunktion sollten die betroffenen Hundehalter sich an verhaltenstherapeutisch geschulte Tierärzte wenden. Diese haben in der Regel gerade im subklinischen Bereich der Krankheit, also bei deren Beginn, deutlich mehr Erfahrungen, als „herkömmliche" Tierärzte haben können.

Einige dieser verhaltenstherapeutisch geschulten Tierärzte haben sich in der Gesellschaft für Tier-Verhaltenstherapie, kurz GTVT, zusammengeschlossen. Eine Überweisungsliste mit den Adressen der Tierärzte findet man im Internet unter www.gtvt.de.

MEDIKATION UND ÜBERWACHUNG

Die Behandlung der Schilddrüsenunterfunktion erfolgt in der Regel durch Zuführung des Schilddrüsenhormons Thyroxin (T4).

Thyroxin hat eine Halbwertszeit von rund 12 Stunden. Um einen möglichst gleichmäßigen Hormonspiegel aufrechtzuerhalten, sollte daher die Tablettengabe zweimal am Tag erfolgen. Dadurch kann insgesamt die Dosis geringer gehalten werden als bei einer einmaligen Tablettengabe. Sinnvoll ist die Tablettengabe morgens vor dem ersten Gassigang und dann nochmals ca. 12 Stunden später. Die Hormonschwankungen sollten dadurch insgesamt so niedrig wie möglich gehalten werden. Da die Schilddrüsenhormone eine stoffwechselaktivierende Wirkung haben, sollten sie außerdem nicht zu spät abends verabreicht werden.

Die Anfangsdosis liegt bei ca. 5 µg pro kg Körpergewicht, die zweimal täglich gegeben werden. Die Dosis wird dann langsam gesteigert. In den ersten ein bis zwei Wochen können sich die Symptome verstärken, anstatt sich zu reduzieren. In dieser Zeit passt sich der Organismus an die für ihn ungewohnte, aber normale Hormonlage wieder an. In der Regel wird nach einer gewissen Zeit eine Dosis erreicht, die lange Zeit konstant gehalten werden kann. Lediglich beim älteren Hund kann eine Erhöhung notwendig werden. Als Beurteilungsgrundlage für die optimale Dosierung wird häufig das Verhalten herangezogen. In der Regel liegt die optimale Dosis zwischen 20 und 30 µg pro kg. Im Einzelfall können aber auch bis zu 80 µg pro kg und mehr erforderlich werden.

Das Hormon Thyroxin wird als pharmazeutisch aufbereitetes Medikament von verschiedenen Herstellern unter verschiedenen Produktnamen angeboten, wie z. B. Euthyrox, L-Thyroxin, Soloxine. Die Thyroxinpräparate der einzelnen Anbieter unterscheiden sich geringfügig und können aufgrund der verschiedenen Bioverfügbarkeit auch unterschiedlich starke Wirkungen beim Hund haben. Diese sogenannten Generika, also Medikamente verschiedener Hersteller mit identischem Wirkstoff, aber unterschiedlichen Zusätzen und Hilfsstoffen, können daher verschiedene Dosierungen erfordern.

In Deutschland ist neuerdings ein Präparat auf dem Markt, welches speziell an Hunde angepasst ist und daher besser umgesetzt werden kann: Forthyron von der Firma Eurovet. Auch kostenmäßig bietet es erhebliche Vorteile gegenüber den Humanpräparaten.

In bestimmten Fällen (Enzymdefekte, Antikörper gegen T3, Umwandlungsstörung) ist die zusätzliche Gabe von T3 (Trijodthyronin) erforderlich. Sind unter der Thyroxinsubstitution ständig Dosisanpassungen erforderlich, sollte an eine zusätzliche T3-Substitution) gedacht werden.

Da die Körperreaktion auf T3 im Vergleich zu T4 unmittelbarer ist, ist die notwendige Dosierung von T3 deutlich geringer als die von T4. Die Substitution und Dosierung sollte in enger Absprache mit dem behandelnden Arzt erfolgen. T3 hat eine Halbwertszeit von 6 Stunden. Daher kann es durchaus Sinn machen, die Tablettengabe in 3 Tagesdosen aufzuteilen.
T3 wird in Deutschland zurzeit nur von einem Hersteller (Henning Berlin Arzneimittel GmbH) unter dem Produktnamen Thybon angeboten.

Die Schilddrüsentabletten sollten am besten jeweils mindestens eine halbe Stunde vor der Fütterung gegeben werden, da dadurch die optimale Aufnahme gewährleistet wird. Die Tablettengabe erfolgt sinnvollerweise mit etwas Wurst, Obst oder Feuchtfutter, damit die Tabletten nicht in der Speiseröhre kleben bleiben. Das eventuell erforderliche Zerteilen der Tabletten kann mit einem Tablettenschneider erleichtert werden. Bei Forthyron-Tabletten sind Bruchrillen zum einfacheren Zerteilen eingestanzt.

Es besteht zwar keine Gefahr, die Wirkstoffe über die Haut aufzunehmen, dennoch sollte man sich im Anschluss an die Tablettengabe die Finger waschen. Hierdurch kann eine unbeabsichtigte orale Aufnahme der Wirkstoffe über kleinste an den Fingern haftende Tablettenreste verhindert werden.

Verschiedene Medikamente und Umwelteinflüsse können die Wirkung der Medikamente (Thyroxin und / oder Trijodthyronin) sowie der Schilddrüse verändern:

- Eine ausführliche Zusammenstellung der beeinflussenden Medikamente findet sich in Kap. 1, S. 47). Besonders sei hier noch mal auf das Cortisonderivat Prednisolon hingewiesen.
- Die optimale Lagertemperatur der Medikamente liegt unter 25 °C. Daher kann es gerade im Sommer sinnvoll sein, die Tabletten im Kühlschrank aufzubewahren.
- Bei einigen Hunden kann eine jahreszeitliche Anpassung erforderlich werden: Im Winter erfordert die Kälte und der dadurch erforderliche höhere Stoffwechsel eventuell eine leicht höhere Dosierung als im Sommer.

Umgekehrt haben auch T3 und T4 Einfluss auf die physiologische Aktivität verschiedener Medikamente. So wird zum Beispiel die Wirkung von blutgerinnungshemmenden Mitteln (wie Cumarinderivaten) durch Thyroxin verstärkt, wohingegen die Wirkung von blutzuckersenkenden Mitteln (*Insulin*) reduziert wird. Daher ist bei jeglicher Gabe von Medikamenten der behandelnde Tierarzt über die Medikation mit T4 und / oder T3 zu informieren.

Besonders wenn der Hund dreimal täglich Tabletten bekommt oder von mehreren Personen die Tabletten erhält, ist es wichtig, den Überblick über die bereits verabreichten Tabletten zu behalten. Hierzu hat sich eine Separierung der täglichen Tablettendosis bewährt, zum Beispiel in einer Pillendose.

Erbricht der Hund kurz nach der Tablettengabe, sollte die erneute Gabe von Tabletten vom Verhalten des Hundes abhängig gemacht werden. Völlig vergessene Tablettengaben können auf die folgenden Tablettenrationen aufgeteilt werden. Wurde eine Dosis irrtümlicherweise doppelt gegeben, bleibt das aufgrund der anderen Verstoffwechselung der Hormone bei Hunden in der Regel ohne Folgen. Dennoch sollte auf Überdosierungsanzeichen geachtet werden, insbesondere auf Herzprobleme, Pulsrasen. Am nächsten Tag kann eventuell Durchfall auftreten. Da Calcium-(karbonat) die Wirkung von T4 abschwächt, können dem Hund Milchprodukte angeboten werden, sofern er diese im Normalfall verträgt. Ein langer, aktiver Gassigang hilft zusätzlich, die Hormonstabilisierung zu beschleunigen.

Einige Hunde reagieren hinsichtlich des Verhaltens sehr viel sensibler auf Dosisänderungen als in körperlicher Hinsicht. Hier sollte sich die Dosierung der Tabletten vorrangig am Verhalten des Hundes orientieren. Allerdings sollte die korrekte Einstellung auch regelmäßig anhand von Blutuntersuchungen (s. Kap. 5, S. 123) überprüft werden.

Eine erhebliche Über- oder Unterdosierung ist meist durch körperliche Anzeichen erkennbar. Dabei sind sich die Anzeichen der Über- und Unterdosierung sehr ähnlich. Die Anzeichen können jedoch von Hund zu Hund individuell verschieden sein.

Symptome von Überdosierung:

- verstärktes Hecheln in Ruhe, z. B. in entspannter Umgebung zu Hause ohne erkennbare Auslöser, insbesondere 1 bis 2 Stunden nach der Tablettengabe,
- Durchfall, fütterungsunabhängig,
- Herzrasen, erhöhte Körpertemperatur.

Symptome von Unterdosierung:

- verstärktes Hecheln bei normaler körperlicher Belastung (Spaziergang, warmes Wetter) oder Stress,
- Verstopfung, seltener, trockener Kotabsatz bei ausgeprägter Unterdosierung,
- Durchfall aufgrund vermehrter Ängstlichkeit.

Symptome von Über- oder Unterdosierung

- Unruhe bzw. Hyperaktivität oder auffallende Trägheit,
- Verstärktes Trinken und Übelkeit, starkes Speicheln,
- zunehmende Ängstlichkeit, Aggressivität

Sinnvollerweise sollten vorsorglich der individuelle Puls und die Atemfrequenz des Hundes zu einer Zeit bestimmt werden, in der die Dosierung optimal ist (z. B. anhand der Blutwerte belegbar). Am besten bestimmt man die verschiedenen "Sollwerte" in Ruhe, nach leichter Bewegung und nach Aufregung. Puls und Atemfrequenz sollten regelmäßig überprüft werden. Allerdings sind leichte Unregelmäßigkeiten des Herzschlags beim Hund nichts Ungewöhnliches. Hunde mit Schilddrüsenunterfunktion haben häufig eine erniedrigte Herzfrequenz (Bradykardie).

Die **Pulsmessung** erfolgt beim Hund ähnlich wie beim Menschen: mit der Fingerkuppe auf einer Arterie, optimalerweise eine Minute Messzeit. Bei unruhigen Hunden genügen auch 15 Sekunden und anschließendes Hochrechnen des Werts durch Multiplikation mit 4. Zum Messen ist die Oberschenkelarterie auf der Innenseite des Oberschenkels am besten geeignet: Im Stehen ist in der Mitte des Oberschenkels eine Vertiefung spürbar, in der die Arterie gut ertastet werden kann. Ebenfalls beim stehenden Hund gut ertastbar ist die Arterie an der linken Brustseite direkt hinter dem Ellbogen.

Der Puls kann natürlich auch am liegenden Hund gemessen werden.

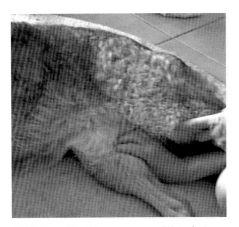 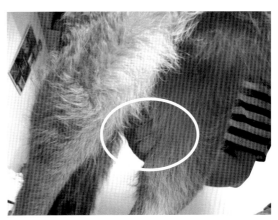

Abbildung 22: Pulsmessung am Hinterbein beim liegenden Hund

Abbildung 23: Pulsmessung am Hinterbein beim stehenden Hund

Der Ruhepuls kann bei großen Hunden 65 - 90 Schläge pro Minute, bei kleinen Hunden 80 -120 Schläge pro Minute (teilweise bis 160) und bei Welpen bis zu 220 Schläge pro Minute betragen. Je kleiner der Hund, umso höher ist die Pulsfrequenz. Die Atemfrequenz liegt in Ruhe bei 10 - 30 Atemzügen pro Minute und ist bei kleinen Hunden höher als bei großen Hunden.

Von Therapiebeginn an sollte eine Art Tagebuch geführt werden, in dem die wichtigsten Punkte aufgeführt werden. Dies erleichtert das Erkennen nachhaltiger Veränderungen und eine eventuell notwendig werdende Anpassung der Tablettendosis.

Ein **Mustertagebuch** könnte z. B. folgende Punkte enthalten:

Normalfall:
- Tablettendosis,
- Ruhepuls, Puls nach Anstrengung,
- Atemfrequenz: in Ruhe und nach Anstrengung,
- Körpergewicht,
- Futter,
- normaler Tagesablauf,
- normale Verhaltensweisen,
- Blutwerte.

Besonderes:
- besondere Verhaltensweisen wie besonders ausgeglichenes oder aufgedrehtes Verhalten,
- Beißereien,
- Futteränderungen,
- Krankheiten, Fellveränderungen,
- Impfungen, Wurmkuren,
- Änderungen im Tagesablauf, wie z. B. Urlaub,
- starke Klimaschwankungen, starke Temperaturschwankungen.

FOLGEKRANKHEITEN

Insbesondere falsch eingestellte oder nicht behandelte Hunde mit Schilddrüsenunterfunktion sind aufgrund des gestörten Stoffwechsels anfällig für Infektionskrankheiten. Speziell bei schilddrüsenkranken Hunden, die auf Stresssituationen mit bestimmten Verhaltensänderungen reagieren, besteht aufgrund der dann reduzierten Wahrnehmung oder der dann oftmals hohen Reaktivität ein erhöhtes Verletzungsrisiko.

Auch bei Hunden in Therapie werden häufig Folgekrankheiten im Bereich Herz / Niere / Leber festgestellt. Ebenso treten Krankheiten an anderen Drüsensystemen (z. B. Bauchspeicheldrüse) häufiger auf. Bei Menschen mit autoimmuner Schilddrüsenunterfunktion sind zum Teil auch autoimmune Lebererkrankungen feststellbar. Hunde mit Schilddrüsenunterfunktion sollten daher regelmäßig und frühzeitig auf mögliche Folgekrankheiten untersucht und kontinuierlich überwacht werden. Eine Überwachung ist z. B. durch regelmäßig erstellte Organprofile mit entsprechenden begleitenden Untersuchungen möglich.
Da in Verbindung mit einer Schilddrüsenunterfunktion häufig Herzerkrankungen auftreten, sollte besonders auf Anzeichen von Herzerkrankungen geachtet werden:

- verminderte Leistungsfähigkeit,
- Mattigkeit, Bewegungsunlust,
- blaue, dunkle Schleimhäute nach Anstrengungen,
- hervorquellende Augen,
- nur langsames Beruhigen nach Aufregung.

Bei Verdacht auf eine Herzerkrankung sollte ein EKG erstellt werden; eventuell zeigen auch Ultraschalluntersuchungen oder Herzröntgenaufnahmen eindeutige Befunde. Das alleinige Abhören des Herzens führt zu keiner sicheren Diagnose.

NACHFOLGENDE BLUTUNTERSUCHUNGEN

Die Blutwerte sollten regelmäßig überprüft werden - anfangs häufiger, später reicht meist eine jährliche Kontrolle. Bei plötzlichen, unerklärlichen Verhaltensänderungen sollten auf jeden Fall die Schilddrüsenwerte bestimmt werden.

Mit dem behandelnden Arzt ist zu klären, in welchem Zustand (nüchtern oder nach dem Füttern) und wie lange nach der Tablettengabe der Hund zur Blutabnahme vorgeführt werden soll. Von verhaltenstherapeutisch geschulten Tierärzten werden folgende Vorgaben gemacht:

- zur Bestimmung der T4-Einstellung: 4 - 6 Stunden nach Tablettengabe,
- zur Bestimmung der T3-Einstellung: 3 Stunden nach Tablettengabe.

Wird sowohl T4 als auch T3 verabreicht, sollten praktischerweise an den Tagen, an denen eine Blutuntersuchung ansteht, ausnahmsweise die beiden Medikamente zeitlich versetzt verabreicht werden.

Diese Vorgaben lassen sich leider häufig, abhängig von den Öffnungszeiten der Tierarztpraxis, nicht realisieren. Als Kompromiss sollte möglichst die Zeit zwischen Tablettengabe und Blutabnahmen im Laufe der Jahre konstant gehalten werden, um zumindest einen langfristigen Vergleich zu erhalten. Daher sollten die Grundwerte immer von demselben Labor untersucht werden. Aus dem gleichen Grund sollte die Blutabnahme nach Möglichkeit immer zur selben Tageszeit (zum Beispiel immer morgens oder immer nachmittags) stattfinden.

Zur Kontrolle der Schilddrüsenwerte sollten T3 und T4 untersucht werden. Zwar zeigen die fT4- / fT3-Werte die Einstellung der Schilddrüse sensibler an, häufig reicht aber auch die Bestimmung der Gesamtwerte zur Kontrolle aus. Zur vorsorglichen Kontrolle im Hinblick auf Folgekrankheiten ist ein Organprofil geeignet. Dieses sollte besonders bei älteren Hunden (und unabhängig von der Schilddrüsenerkrankung) regelmäßig erstellt werden.

Impfungen belasten den Organismus sehr stark, daher wird nach Impfungen eine allgemeine Schonung des Hundes von 1 bis 2 Tagen angeraten. Aus diesem Grund sollten Blutuntersuchungen frühestens im Abstand von 4, besser 6 Wochen nach der letzten Impfung durchgeführt werden. Gleiches gilt für Wurmkuren, medikamentöse Behandlungen und weitere Erkrankungen.

Auch Veränderungen der Umgebungsbedingungen (Umzug, Urlaub, Auszug von Kontaktpersonen etc.) können die Schilddrüsenwerte zeitweise verändern. Dies sollte hinsichtlich des Zeitpunktes der Blutabnahme sowie der Interpretation der Ergebnisse berücksichtigt werden.

Die Sexualhormone haben ebenfalls einen starken Einfluss auf die Konzentration der Schilddrüsenhormone. Daher sollte bei unkastrierten Hündinnen die Blutuntersuchung zur Kontrolle oder zur Erstuntersuchung ca. 12 bis 16 Wochen nach Einsetzen der letzten Läufigkeit erfolgen. Bei Rüden ist ein Zeitpunkt zu wählen, in dem keine sexuelle Stimulation durch heiße Hündinnen in der Nachbarschaft bzw. im bevorzugten Spaziergebiet stattfindet.

ERNÄHRUNG

Eine Autoimmunkrankheit, wie die Thyreoiditis, hat viele Auslöser und viele Auswirkungen. Insgesamt stellt sie eine starke Belastung für das Immunsystem dar. Daher sollte das Immunsystem so weit als möglich entlastet und unterstützt werden. Am besten ist dies durch die sorgfältige Auswahl der Futtermittel und Futtermittelbestandteile erreichbar. Allerdings sind Futtermittel, auch wenn sie den Bestimmungen der Futtermittelverordnung (FMV, 2007) genügen, nicht immer völlig frei von (künstlichen) Konservierungsmittel, Schadstoffen, Allergenen, Mykotoxinen oder anderen unerwünschten Substanzen.

Da Calcium die Schilddrüsenhormone absorbiert, sollte mindestens eine halbe Stunde zwischen der Verfütterung von calciumreichem Futter und der Tablettengabe verstreichen. Wird über das Futter ständig zu viel Calcium zugeführt, wird dadurch die Jodaufnahme in die Schilddrüse vermindert, und das führt zu einer jodmangelbedingten Schilddrüsenunterfunktion. Vereinzelt wurden nach einer Umstellung auf calciumärmeres Futter – ergänzend zur Tablettengabe – Besserungen im Gesamtverhalten erzielt.

Fettreiche Futtermittel sollten vermieden werden. Im Humanbereich wird empfohlen, tierische Fette zu vermeiden, wohingegen pflanzliche Fette mit ungesättigten Fettsäuren empfehlenswert sind. Von besonderer Relevanz sind Omega-3-Fettsäuren – mehrfach ungesättigte Fettsäuren. Sie sind essenziell, Bestandteil jeder Körperzelle und von besonderer Bedeutung für Nervenzellen. Sie sind in hohem Maße in Lachsöl enthalten, welches generell bei Autoimmunkrankheiten empfohlen wird. Da mehrfach ungesättigte Fettsäuren jedoch leicht oxidieren und dann eine schädigende Wirkung auf die Zellen haben, ist eine ausreichende Versorgung mit *Antioxidationsmittel*, zum Beispiel Vitamin E, sicherzustellen.

Futter mit hohem Eiweißgehalt bewirkt eine Erhöhung der Thyroxin-Sekretionsrate (s. Kap. 1, S. 45), Eiweißmangel auf Dauer dagegen eine Senkung der Thyroxin-Sekretionsrate. Bei einigen Hunden mit Schilddrüsenunterfunktion besteht ein verminderter Proteinbedarf. Gemäß Dodds (1992) sollte bei Hunden, die mit Schilddrüsenhormonen behandelt werden, generell proteinarmes Futter verwendet werden. Dies zielt vermutlich auf eine Schonung der Schilddrüse ab. Durch eiweißarmes Futter werden zudem auch potenziell von einer Folgekrankheit betroffene Organe geschont, wie Leber und Niere. Bei eiweißarmer Ernährung sollte unbedingt darauf geachtet werden, hochwertige Eiweiße zu verfüttern. Hochwertige Eiweiße sind solche, die die für Hunde essentiellen Aminosäuren in ausreichenden Mengen enthalten, also ein ähnliches Aminosäure-Profil aufweisen wie der Hundekörper und eine hohe Verdaulichkeit haben. Für den Hund hochwertige Eiweiße sind zum Beispiel in Quark enthalten.

Bei Hunden mit Schilddrüsenunterfunktion kann es zu einer verminderten Eisenaufnahme durch den Darm kommen. Hierdurch wird eine mikrozytäre hypochrome *Anämie* begünstigt (s. Kap. 4, S. 94). Daher ist insbesondere auf eine ausreichende Zufuhr von Eisen mit der Nahrung zu achten. Eisen ist zum Beispiel enthalten in Leber, Milz und Lunge, Sesam, Kürbiskernen, Kleie und allem grünen Gemüse.

Beim Jod ist auf eine gleichbleibende Zufuhr zu achten. Plötzliche Absenkungen in der Jodzufuhr können zu erheblichen Problemen bei Hunden führen, deren Schilddrüse noch Restaktivitäten aufweist. Die gleichbleibende Jodzufuhr ist besonders bei Futterwechsel zu berücksichtigen. Jodreiches Futter kann ebenso wie jodarmes Futter zu einer Schilddrüsenunterfunktion führen. Die Zugabe von Jodtabletten sollte daher vermieden werden. Im Humanbereich wird eine eher jodarme Kost empfohlen. In verschiedenen Pflanzen, zum Beispiel einigen Kohlarten, Maniok, Bohnen und Erdnüsse, sind bestimmte Substanzen (Schwefelverbindungen, Glucosinolate) enthalten, die die Jodaufnahme in die Schilddrüse hemmen.

Bei Verfütterung von rohem (Rinder-)Schlund mit anhaftenden Schilddrüsenresten wird eine hohe Dosis Schilddrüsenhormone und Jod zugeführt. Dies führt zwar nicht unbedingt zu einer Überdosisreaktion, kann aber ebenfalls für eine begrenzte Zeit eine verhaltensbeeinflussende Wirkung, im positiven wie im negativen Sinne, auf den Hund haben.

Untersuchungen im Humanbereich haben ergeben, dass freie Radikale und oxidative Prozesse den Autoimmunprozess in der Schilddrüse fördern. Daher wird die hochdosierte Zufuhr von immunstärkende Substanzen und Antioxidationsmitteln empfohlen. Als immunstärkende Substanz wird häufig Echinacea angegeben. Diese hat jedoch ein hohes allergenes Potenzial. Antioxidationsmittel sind z. B. die Vitamine B6 und E, (Bio-)Flavonoide, N-Acetyl-Cystein, Nicotinamid, Extrakte aus

Traubenschalen und buntem Gemüse. Ebenso wird im Humanbereich die zusätzliche Gabe von Zink empfohlen. Ob durch diese Nahrungszusätze tatsächlich Besserungen erzielt werden oder ob sie bei einer ausgeglichenen Ernährung überflüssig sind oder nur für eine bestimmte Zeit notwendig, sollte im Einzelfall entschieden werden.

Einige Hunde mit Schilddrüsenunterfunktion haben bedingt durch die Krankheit Übergewicht. Nach Behandlungsbeginn sollte unbedingt darauf hingearbeitet werden, dass eine Gewichtsreduzierung auf das Normal- oder besser Idealgewicht stattfindet. Die Maßnahmen zur Gewichtsreduzierung sind mit dem behandelten Arzt im Detail abzusprechen. Daher sollen hier nur einige orientierende Ratschläge zusammengestellt werden:

- **Bewegung**: Regelmäßige ausgiebige Bewegung hilft beim Abnehmen. Das Bewegungspensum ist langsam zu steigern. Es ist unbedingt zu berücksichtigen, dass in Verbindung mit einer Schilddrüsenunterfunktion häufig Herzfehler auftreten.
- **Diätfutter**: Diätfutter kann die Gewichtsabnahme erleichtern, das muss aber nicht sein.
- **Trockenfutter**: Die Herstellerempfehlungen zur benötigten Futtermenge sind bei vielen Trockenfuttersorten deutlich zu hoch angegeben. Als tatsächliche ideale Futtermenge wird daher häufig empfohlen, die für das Idealgewicht angegebene Futtermenge abzüglich 10 % anzusetzen. In der Phase des Abnehmens kann in Absprache mit dem Tierarzt die Futtermenge kurzzeitig weiter, bis auf rund 60 % der idealen Futtermenge, reduziert werden.
- **Ballaststoffe**: Mit Ballaststoffen kann man den Hundemagen füllen und beschäftigen. Als gute Füllstoffe sind geeignet: Karotten, Reisflocken, gekochte Kartoffeln, Sauerkraut, Äpfel und anderes Obst. Es ist aber zu beachten, dass ein zu hoher Ballaststoffgehalt bei Hunden zu Durchfall führen kann. Der Ballaststoffgehalt im Futter sollte daher nur langsam gesteigert werden. Besonders viele Ballaststoffe sind in Kleie enthalten. Da Weizen häufig allergene Wirkung hat, ist Haferkleie zu bevorzugen.
- **Leckerchen**: Leckerchen entweder kalorienarm wählen (Obst) oder bei der Gesamtfuttermenge mitberechnen.
- **Anzahl der Mahlzeiten**: Einigen Hunden fällt das Abnehmen bei häufigen, kleinen Mahlzeiten leichter, da der Magen dann ständig beschäftigt ist. Bei anderen Hunden hat sich eine solche Aufteilung nicht bewährt, sondern sogar als eher nachteilig erwiesen.
- **Fastentag**: Ein Fastentag kann beim Abnehmen hilfreich sein. Andererseits ist zu berücksichtigen, dass Hunde mit Schilddrüsenunterfunktion häufig Magen-Darm-Probleme haben und ein Fastentag den Magen-Darm-Trakt aufgrund der hohen Magensäure-Produktion stark belastet. Auch aus ernährungs-physiologischer Sicht spricht nichts für einen Fastentag.

Einige Hunde mit Schilddrüsenunterfunktion neigen zu Verstopfungen. Bei diesen sollte auf eine ballaststoffreiche Nahrung geachtet werden. Ballaststoffe sind schwer- oder unverdauliche Nahrungsinhaltsstoffe. Sie beeinflussen den Füllungsdruck des Darms und fördern dadurch die Darmbewegung.

Insgesamt ist also besonders auf eine abwechslungsreiche, ballaststoffreiche und ausgewogene Ernährung Wert zu legen.

HALSBAND ODER GESCHIRR?

Die Frage, ob Halsband oder Geschirr besser ist, ist bei gesunden Hunden heftig umstritten. Es gibt für beide Varianten, je nach Sichtweise, Pro- und Contra-Aspekte. Bei Hunden mit einer Schilddrüsenunterfunktion sollte sich diese Diskussion jedoch erübrigen: Wie in Kapitel 2 (S. 62) beschrieben, können bei der Verwendung von Halsbändern durch Leinenruck Verletzungen im Bereich der Schilddrüse entstehen, die zu einer Schilddrüsenentzündung führen können. Hierbei ist es unerheblich, ob dieser Leinenruck vom Halter oder vom Hund erzeugt wurde. Doch auch unabhängig von einer akuten Verletzung drückt das Halsband auf die ohnehin schon geschädigte Schilddrüse.

Ferner können durch Druck auf die Halsvenen des Hundes Stauungshyperämien auftreten, die wiederum Herzfehler verursachen können. Zu nennen sind hier vor allem akute Kreislaufstörungen und Veränderungen der Gefäßdurchlässigkeit in der Schilddrüse.

Daher gilt besonders für Hunde mit Schilddrüsenunterfunktion: **Nie ein Halsband verwenden, sondern immer ein Geschirr!** Dies gilt besonders bei sehr spontanen Hunden, bei denen ein (selbstzugefügter) Leinenruck nie ausgeschlossen werden kann.

Es ist auf einen guten Sitz des Geschirrs zu achten. Sollte doch ein Halsband verwendet werden, ist ein möglichst breites zu bevorzugen.

SONSTIGES

Schilddrüsenhormone spielen eine wichtige Rolle bei der Thermoregulation. So ist der Schilddrüsenhormonspiegel im Winter höher als im Sommer. Daraus ergibt sich, dass es bei großer Kälte oder nach einer Schur notwendig sein kann, die normalerweise erhöhte Schilddrüsenaktivität durch (zeitweise) erhöhte Tablettendosen auszugleichen.

Bei vielen Hunden mit Schilddrüsenunterfunktion ist eine starke Kälteempfindlichkeit bzw. Vorliebe für Wärme feststellbar. So werden Kuscheldecken und der Platz vor der Heizung oder in der Sonne bevorzugt aufgesucht.

Abbildung 24: Sonnenbad

Die Schilddrüsenunterfunktion kann – dauernd oder zeitweise – Auswirkungen auf den Geruchssinn haben. Dies ist bei Fährtenarbeit und insbesondere bei Rettungshunden im Einsatz zu berücksichtigen.

6. TYPISCH SCHILDI?
ODER: DAS DING MIT DEM STRESS

ÜBERBLICK

Leider gibt es zum Thema „typisches Verhalten von „Schildis"" noch keine ausreichenden Untersuchungen in Deutschland, so dass die nachfolgenden Überlegungen lediglich subjektive Einschätzungen darstellen sowie Schlussfolgerungen aus eigenen und fremden Erfahrungen. Vieles lässt sich zum jetzigen Zeitpunkt noch nicht eindeutig wissenschaftlich erklären und bleibt vorerst Vermutung.

Manche Besitzer von Hunden mit Schilddrüsenunterfunktion sind überzeugt, dass ihre Hunde sich auch nach begonnener Therapie im Verhalten merklich von anderen Hunden unterscheiden. Insbesondere wird auf eine deutlich niedrigere Stresstoleranz verwiesen.

Andere Besitzer schilddrüsenkranker Hunde dagegen sehen keine Unterschiede zu gesunden Hunden. Dieser Meinung schließen sich auch diejenigen an, die die Behandlung einer beginnenden Schilddrüsenunterfunktion kritisieren. Ein Argument dieser Kritiker ist, dass die beginnende Schilddrüsenunterfunktion diagnostisch nur sehr schwer von anderen Ursachen für Verhaltensstörungen abzugrenzen ist und auch ein gesunder Hund sich wie ein typischer Schildi benehmen kann. „Typische Schildis" gibt es demnach also nicht.

Als Besitzerin eines sehr stressintoleranten Hundes neige ich dazu, auch die Schilddrüsenunterfunktion für diese Stressanfälligkeit mitverantwortlich zu machen. Daher werden in diesem Kapitel einige Einzelheiten zu Stress und den Zusammenhängen zwischen Stress und einer Schilddrüsenunterfunktion näher erläutert. Allerdings sollte man den folgenden Satz immer im Hinterkopf behalten:

> „Hormone lösen ein Verhalten nicht direkt aus, sondern beeinflussen die Bereitschaft zum Verhalten."
>
> Markus Schumacher, Skript VHB

SIND SCHILDDRÜSENKRANKE HUNDE ANDERS?

Sind Hunde mit Schilddrüsenunterfunktion anders als andere Hunde? Wenn ja: Worin liegen die Unterschiede im Zusammenleben mit ihnen im Vergleich zu „normalen" Hunden?

Darüber gibt es geteilte Meinungen: Diejenigen, deren Hunde vor der Therapie starke Verhaltensauffälligkeiten zeigten, sehen häufig auch nach Beginn der Therapie noch deutliche Unterschiede zu gesunden Hunden: Ihre Hunde verfügen über eine sehr geringe Stresstoleranz, das heißt, sie geraten sehr schnell in Stress. Der Stressabbau, also die Rückkehr auf ein normales Erregungsniveau, ist dagegen sehr langsam. Im Extremfall reagieren die Hunde trotz Hormonsubstitution auf die Stressoren weiterhin so heftig wie vor der Therapie. Die Stressoren können dabei individuell und situationsbezogen sehr verschieden sein, z. B. Hundebegegnungen, Kälte, Umstellung des Tagesablaufs, Trennungsangst.

Hundebesitzer, bei deren Hunden sich die Schilddrüsenunterfunktion vorwiegend durch klinische Symptome im bereits fortgeschrittenen Stadium bemerkbar machte, sehen bei ihren Hunden selten eine übermäßige Stressanfälligkeit. Der Unterschied scheint also letztendlich darin zu liegen, ob bereits vor der Therapie extreme, meist stressbedingte, Verhaltensauffälligkeiten vorlagen oder nicht. Eventuell ist dies durch eine insgesamt mehr oder weniger stark gestörte Hormonregulation der betroffenen Hunde zu erklären.

Betrachtet man die Diskussionen, die im Humanbereich hinsichtlich der Auswirkungen der Hashimoto-Erkrankung – einer autoimmunen Schilddrüsenunterfunktion – geführt werden, erkennt man, dass auch dort zwei Lager existieren:

- Jene, bei denen fast nur klinische Symptome vorlagen und die nie wirklich massive psychische Probleme hatten. Diese Gruppe zeigt deutliche Besserungen nach Behandlungsbeginn und weiterhin keinerlei nennenswerte psychische Beeinträchtigungen.
- Jene, die bereits vor Behandlungsbeginn klinische Symptome und zum Teil massive psychische Probleme aufwiesen. In dieser Gruppe findet man nach Behandlungsbeginn zwar Besserungen, aber auch weiterhin mehr oder weniger große psychische und klinische Probleme.

Definitionsversuch „Schildi":

Ein Schildi ist ein Hund mit starken Verhaltensauffälligkeiten, die in Zusammenhang mit der (subklinischen = beginnenden) Schilddrüsenunterfunktion zu stehen scheinen. Diese Verhaltensauffälligkeiten scheinen bei Hunden mit einer Umwandlungsstörung besonders ausgeprägt zu sein.

Auffällig ist bei vielen unbehandelten „Schildis" eine zeitweise Hyperaktivität, verbunden mit einem extremen Tunnelblick in bestimmten Situationen. Beides kommt zwar auch bei vielen gesunden Hunden vor, bei einem typischen Schildi hat man aber keinerlei Möglichkeiten, in diesen Phasen auch nur irgendwie „Kontakt" mit dem Hund aufzunehmen. Eine typische und zutreffende Beschreibung eines „Schildis" lautet: „Man könnte ihn dann totschlagen – er würde es noch nicht einmal merken". Trotz intensivem Training in vielen verschiedenen Situationen kippt der Hund plötzlich in „seine eigene Welt" und ist durch nichts und niemanden mehr erreichbar. Zielgerichtetes Lernen ist in solchen Situationen nicht möglich. Bis der Hund wieder wirklich normal reagiert und aufnahme- und lernfähig ist, vergeht überproportional viel Zeit.

Die Abgrenzung zu gesunden, aber hyperaktiven und / oder leicht zu stressenden Hunden ist oftmals schwierig und nur durch diesbezüglich erfahrene Therapeuten möglich.

DENKBLOCKADE UND "UNFÄHIGE" BESITZER

Eine beginnende Schilddrüsenunterfunktion macht sich häufig zunächst nur durch Verhaltensänderungen bemerkbar. Diese können ebenso gut zahlreiche andere Ursachen haben, wie zum Beispiel falsche Erziehungsmethoden, Erziehungsdefizite oder Dauerstress.

Sehr häufig erfährt der Hundebesitzer daher Kritik, weil er ja "offensichtlich nicht richtig und / oder ausreichend trainiert oder die vom Trainer gegebenen Anweisungen nicht konsequent umsetzt". Daraus entsteht im Laufe der Zeit beim Hundehalter oft eine sehr starke Verunsicherung und darauf basierend Selbstzweifel: "Ich komme nicht mit dem Hund klar; ich bin unfähig; andere kommen besser zurecht mit ihm".

Leider wirkt sich dies letztendlich negativ auf das Vertrauensverhältnis zwischen Mensch und Hund aus. Gerade ein hohes Maß an gegenseitigem Vertrauen ist aber für diese Hunde sehr wichtig! So entsteht ein Teufelskreis, der häufig selbst nach Beginn der Therapie des Hundes nicht mehr ohne massive und vor allem fachlich richtige Unterstützung von außen zu durchbrechen ist.

Wie bereits oben angesprochen, sind manche Hunde mit einer (subklinischen) Schilddrüsenunterfunktion in bestimmten Momenten nicht aufnahmefähig und wirken, als hätten sie eine Art Blockade. Dies ist häufig durch ein erhöhtes Stresspotenzial erklärbar, welches die Aufnahmefähigkeit des Hundes reduziert und auf bestimmte Aktionen fokussiert. Man kann sich die Situation in etwa wie folgt vorstellen:

> Ein gesunder Hund hat eine ISDN-Leitung zur Umwelt: viele Signale können gleichzeitig verarbeitet werden.

> Ein Schildi hat eine analoge Glasfaserleitung: nur ein Signal wird verarbeitet - aber die Verarbeitungsgeschwindigkeit kann extrem hoch sein; der Hund ist sehr reaktiv und spontan.

Durch die Denkblockade ist der Hund für seinen Halter in diesen Situationen nicht "erreichbar" und kann nicht das lernen, was von ihm erwartet wird. Stattdessen führt er eine für ihn scheinbar erfolgreiche Aktion aus, die er in vergleichbaren Situationen stereotyp abspult.

Nach Behandlungsbeginn zeigt sich häufig sehr schnell, dass nicht die betroffenen Hundehalter das auslösende Problem sind. Der Hund wird auch in Stresssituationen besser ansprechbar und kann somit in diesen Situationen in einem gewissen Rahmen Lösungswege erlernen, z. B. Konfliktvermeidungsstrategien im Umgang mit anderen Hunden. Bei der Umerziehung sind in der Regel dennoch viel Geduld und Einfühlungsvermögen nötig. Hinsichtlich bestimmter Auslöser hat der Hund oft lange eine bestimmte erlernte Verhaltensweise gezeigt. Reagiert ein Hund zum Beispiel beim Anblick anderer Hunde bereits längere Zeit stereotyp mit Angriff, muss er zunächst andere Lösungswege lernen, bevor er diese Strategie durch eine neue ersetzen kann. Aber selbst bei erfolgreicher Therapie und Training tauchen häufig die alten Standard-Strategien des unbehandelten Hundes wieder auf, wenn eine entsprechende Hormonschieflage (zum Beispiel aufgrund von Stress) besteht.

Die Krankheit sollte zwar nicht als Ausrede genutzt werden, um auf einem Trainingslevel zu verharren – aber dennoch sind die Grenzen des Hundes jederzeit zu berücksichtigen. Besonders bei der Arbeit mit solchen Hunden ist es sehr wichtig, keine falschen Vergleiche mit gesunden Hunden zu ziehen. Bei der Beurteilung des Hundes und der eigenen Arbeit werden ansonsten schnell kleine Fortschritte vergessen oder übersehen. Misserfolge werden dagegen häufig überbewertet und somit zum stimmungsdrückenden Faktor.

Sehr hilfreich kann es sein, kritische Situationen in Gedanken durchzuspielen. Damit verbessert man die Chance, in solchen Momenten selbst ruhig zu bleiben und richtig zu reagieren. Auch das Führen eines Trainingstagebuchs hat sich bewährt, um sich die jeweiligen Trainingserfolge vor Augen führen zu können oder um Schwachstellen und Muster zu erkennen.

TABLETTEN STATT PROBLEMBEWÄLTIGUNG?

Da besonders bei einer beginnenden (subklinischen) Schilddrüsenunterfunktion eine eindeutige Diagnose sehr schwierig bis unmöglich ist, ist eine Therapie mit Schilddrüsenhormonen in diesem Stadium sehr heftig umstritten.

Die wesentlichen Argumente der Kritiker einer frühzeitigen Hormonsubstitution sind:

- Viele der auffälligen Verhaltenssymptome resultieren eigentlich aus Erziehungsdefiziten. In Einzelfällen kommen auch Dauerstress oder andere Krankheiten in Frage.
- Durch entsprechende Erziehung und / oder Umfeld-Änderungen, insbesondere die Suche nach Stressoren und Beseitigung dieser Stressoren, ließe sich auch ohne medikamentöse Behandlung eine Besserung erzielen.
- Ähnliche Argumentation: Eine autoimmune Erkrankung ist eine multifaktorielle Krankheit, zunächst sollten also die ursächlichen Faktoren gesucht und eliminiert werden, bevor an den „Symptomen" kuriert wird.
- Es ist falsch, aufgrund einer unklaren Diagnosebasis eine „vermeintliche" Krankheit zu therapieren.
- Selbst wenn die Schilddrüsenhormone gegeben werden, um damit dem Hund aus dem Stresskreislauf zu helfen, sollten die Hormone nach einer bestimmten Zeit zumindest probeweise wieder abgesetzt werden.
- Auch bei Behandlung aufgrund einer nachgewiesenen Schilddrüsenerkrankung sollte regelmäßig die Dosis reduziert und neu angepasst werden, um eine eventuelle Regeneration der Schilddrüse zu ermöglichen.

Diese Argumente sind nicht völlig von der Hand zu weisen. Allerdings ist zu bedenken, dass es zweifelsfrei Hunde gibt, die bereits im Frühstadium der Schilddrüsenunterfunktion gravierende Verhaltensänderungen zeigen (s. Kap. 4, S. 94). Dabei ist es unerheblich, ob die Verhaltensdefizite aus dem niedrigen Schilddrüsenhormonspiegel direkt oder aus dem krankheitsbedingten Stresskreislauf resultieren.

Im Normalfall sollte immer zuerst die Suche nach und das Abstellen von beeinflussbaren Stressoren erfolgen. Aber selbst durch das Beseitigen aller Stressoren wäre eine völlige Gesundung bei wirklich schilddrüsenkranken Hunden nicht möglich. Es ist außerdem zu bedenken, dass häufig Stressoren nicht (mehr) zu beeinflussen sind – oder nur unter sehr großem Aufwand.

Von den zahlreichen möglichen Fällen nur eine kleine Auswahl:

- extrem lärmempfindlicher Hund in der Großstadt, neben einem Krankenhaus, einer Schule, einem Flughafen,
- extrem lärmempfindlicher Hund über der Wohnung einer kinderreichen Familie oder in Hörweite eines Dauerbellers,
- unsicherer, lärmempfindlicher Hund in kinderreichem Haushalt,
- völlig unsicherer, unsozialisierter Hund in Mehrtierhaushalt,
- sehr reizarm aufgewachsener Hund (zum Beispiel „Südländer") in der Stadt,
- sehr arbeitswütiger Hund einer "ursprünglichen" Hunderasse, die noch in keiner Weise an die Anforderungen an westliche Begleithunde angepasst ist (Importtiere aus den Ursprungsländern z. B. Westsibirische Laika, afrikanische Rhodesian Ridgebacks etc.)
- extrem jagdaktiver Hund in wildreichem Gebiet,
- lauffreudiger Hund bei Besitzern, die dieser Bewegungsfreude nicht annähernd nachkommen können – kein Joggen, Radfahren, nur / vorwiegend (Schlepp-)Leinenführung,
- Hund mit großer Trennungsangst, der viel allein bleiben muss.

In einigen Fällen sollte sicher die Abgabe des Hundes an eine geeignetere Stelle erwogen werden. Eine Abgabe bedeutet aber ebenfalls sehr viel Stress für Hund und Halter – ohne eine Genesungsgarantie. Bei der Suche nach den Stressoren ist zu berücksichtigen, dass häufig auch mehrere voneinander unabhängige Stressoren auf Hunde einwirken. Oder die durch die "Hormonschieflage" entstandenen Auswirkungen können sich gegenseitig verstärken, z. B. diffuse Allergien und häufige Infekte. Manche Stressoren sind nicht auf den ersten Blick erkennbar, zum Beispiel eine Futtermittelunverträglichkeit. Zu berücksichtigen ist ferner auch das bei immer wieder auftretenden oder chronischen Infekten langfristig bestehende Gesundheitsrisiko. Bleiben die stressreduzierenden Maßnahmen ohne Wirkung, kann eine Hormonsubstitution angebracht sein. Eine Behandlung mit Schilddrüsenhormonen ist immer angezeigt, wenn klinische Symptome bei entsprechenden Blutwerten vorliegen.

Inwiefern ein Absetzen der Tabletten nach einer gewissen Behandlungszeit und nach Abklingen der Symptome zur Probe sinnvoll ist, ist sicher von den zuvor aufgetretenen Verhaltensproblemen abhängig. Es ist keinem Hundehalter zumutbar, das Risiko eines Rückfalls einzugehen, wenn zum Beispiel aufgrund der (schilddrüsenbedingten) Verhaltensprobleme des Hundes bereits eine Anzeige vorliegt oder der Halter mehrfach zu Schadenersatz herangezogen wurde. Auch im Interesse des Hundes wäre das nicht vertretbar, wenn dem Hund eventuell im Wiederholungsfall ein Wesenstest oder gar Schlimmeres droht.

Die Argumente der Kritiker sollten aber jedem „Schildi-Besitzer" bewusst sein und als Anlass dienen, eine eventuell vorschnelle Behandlung kritisch zu überdenken.

WAS IST STRESS?

Das Thema Stress spielt generell beim Lernen und beim Training von Hunden eine wichtige Rolle. Allerdings erhält es bei Hunden mit Schilddrüsenunterfunktion durch die enge Verknüpfung mit den hormonellen Prozessen eine besondere Bedeutung. Um besser verstehen zu können, wieso manche schilddrüsenkranke Hunde anscheinend oder tatsächlich so extrem auf Stress reagieren, soll zunächst der Begriff „Stress" erklärt werden.

Umgangssprachlich umfasst der Begriff Stress sowohl die auslösenden Faktoren als auch die körperliche Reaktion darauf. Es ist aber zu unterscheiden zwischen

- den auslösenden Faktoren – Stimuli / Stressoren und
- den auf diese folgenden körperlichen Reaktionen – Stress(-reaktionen).

Stress hat eine wichtige biologische Funktion. Stress stellt die Antwort des Körpers auf eine physiologische oder psychologische Anforderung an den Organismus dar, also auf einen gestörten Gleichgewichtszustand (Homöostase). Eine Stressreaktion dient dem Körper dazu, dieses Ungleichgewicht abzustellen. Stress ist also kein statischer Zustand, sondern ein dynamischer Prozess.

Stress ist eine positive und wichtige Reaktion des Körpers. Kurzzeitiger Stress ist daher nicht negativ zu bewerten, sondern stellt einen notwendigen Anpassungsprozess an sich ständig verändernde innere und äußere Faktoren dar. Erst wenn es dem Körper nicht gelingt, das Gleichgewicht wiederherzustellen, kann schädlicher (Dauer-) Stress entstehen. Dies kann z. B. dann der Fall sein, wenn die stressenden Umstände lange anhalten oder die Stressoren zu stark waren.
Häufig wird unterschieden zwischen:

Eustress: positiv erlebter Stress. Die aufgebaute Anspannung und positive Erregung wird zur Bewältigung schwieriger Aufgaben eingesetzt. Werden diese Aufgaben erfolgreich erledigt, führt dies zu positiven Emotionen und stärkt das Immunsystem, sofern ausreichend Erholungsphasen zur Verfügung stehen. Eustress besitzt eine gesundheitsfördernde Wirkung und leistungsstimulierende Funktion.

Distress: negativ erlebter Stress, der ein schädigendes Übermaß an Anforderungen an den Organismus stellt, so dass eine Anpassung nicht mehr möglich ist. Es werden substanzielle Körperreserven angegriffen. Er kann zu körperlichen und psychischen Krankheiten führen.

Neutraler Stress: Stress, der keinerlei positive oder negative Auswirkungen auf den Organismus hat.

In der Umgangssprache wird unter Stress in der Regel nur der Distress verstanden.

WAS LÖST STRESS AUS, WAS BEEINFLUSST STRESS?

Die einer Stressreaktion zugrundeliegende Ursache – der Stressor also – kann, je nach genetischer Disposition und bisheriger Lernerfahrung, individuell sehr unterschiedlich sein (s. Abb. 25).

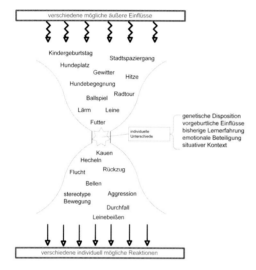

Abbildung 25: Stresseinflüsse

Ebenso ist auch die Art, wie der Stress bewältigt wird (oder auch nicht; s. Kap. 6, S. 142), abhängig von genetischer Disposition und individueller Lernerfahrung in gleichen oder ähnlichen Situationen. Tritt Stress in gewissem Rahmen in kritischen Phasen der Individualentwicklung auf, kann dies dazu führen, dass spätere Stressreaktionen weniger emotional ausfallen.

Stressoren kann man grob in 6 Kategorien einteilen:

1. **Äußere Stressfaktoren:**
   Überflutung mit Sinnesreizen oder Informationen, Reizarmut (Deprivation), Schmerzreize, reale oder simulierte Gefahrensituationen.

2. **Mangelnde Befriedigung primärer Bedürfnisse:**
Entzug von Nahrung, Wasser, Schlaf, Bewegung.

3. **Leistungsfaktoren:**
Über- oder Unterforderung, Leistungsdruck, Kritik, unklare Anforderungen (widersprüchliche Anweisungen) durch Halter.

4. **Soziale Faktoren:**
Isolation, Ablehnung in der Gruppe, Rangkämpfe, unangemessene Zurechtweisungen, wenig Belohnung, Gedränge.

5. **Vornehmlich psychosoziale Stressfaktoren:**
Konflikte, Unkontrollierbarkeit, Ungewissheit, Ausgeliefertsein.

6. **Sonstiges:**
Krankheit, Veränderung von Lebensumständen, hormonelle Umstellung in verschiedenen Lebensphasen (Geschlechtsreife).

Ob und wie stark etwas für ein Lebewesen zum Stressor wird, ist außer von der individuellen Erfahrung von verschiedenen weiteren Faktoren abhängig, wie zum Beispiel von

- emotionaler Beteiligung,
- Häufigkeit und zeitlichem Abstand der Stressoren,
- empfundener Intensität der Ereignisse,
- Vorhersehbarkeit der Ereignisse,
- Kontrollierbarkeit, Beeinflussbarkeit der Situation bzw. empfundener Hilflosigkeit.

Die Beteiligung von psychischen Faktoren bei Stress, also die emotionale Beteiligung, ist von großer Bedeutung. Relevant ist vor allem die psychosoziale Umwelt, also die Interaktion mit anderen Individuen der sozialen Gruppe. Bei Hunden wird angenommen, dass sie bei psychosozialem Stress eher mit einer Aktivierung des sympatho-adrenomedullären Systems reagieren (s. Kap. 6, S. 139).

Man nimmt daher an, dass eine aktive Auseinandersetzung mit dem Sozialpartner bei Hunden erfolgversprechender ist als eine passive Haltung.
Es wird zwischen akutem und chronischem Stress unterschieden.
Manche permanent vorhandene Stressoren – beim Menschen z. B. Lärm – führen zu unbewusstem chronischem Stress. Andere permanent vorhandene Stressoren sind vor allem dann relevant, wenn sie ins Bewusstsein gelangen. Wird ein dauerhaft vorhandener Stressor nur zeitweise wahrgenommen und als Stressor empfunden, handelt es sich um chronisch intermittierenden Stress.

Der Verlauf der Stressreaktion bei chronisch intermittierendem Stress ist von verschiedenen Faktoren abhängig:

- Intensität,
- Dauer jeder einzelnen Stressphase,
- gesamte Anzahl von Wiederholungen,
- Häufigkeit der Wiederholungen bzw. Interstressor-Intervall.

Sind die Stressoren weniger intensiv, also nur sehr geringfügig, nimmt die Stressreaktion bei jeder Wiederholung ab, bis keine Reaktion mehr erfolgt. Dabei gelten die gleichen Gesetzmäßigleiten wie beim Phänomen der Gewöhnung (Habituation).

Eine Stressreaktion unterbleibt umso eher,

- je weniger stark (intensiv) der Stressor ist,
- je häufiger die Situation wiederholt wird,
- je kürzer das Interstressor-Intervall ist (also die Zeit bis zum erneuten Einwirken der Stressoren).

Andererseits kann eine vorausgegangene, als unkontrollierbar empfundene Situation die Wirkung der *Catecholamine* (Adrenalin und Noradrenalin) erhöhen und einen den Stress potenzierende Wirkung haben.

Man nimmt an, dass als wenig intensiv empfundene unbekannte Situationen, die wegen ihrer Neuartigkeit und damit Unvorhersehbarkeit unangenehm wirken, bei Wiederholung zu psychisch bedingter Anpassung führen, also eine Gewöhnung eintritt. Entscheidend dabei ist, ob Lernverhalten stattfindet und aufgrund dessen eine Situation vorhersehbar wird. Die Wiederholungen haben dadurch, dass die Situation an Vorhersehbarkeit gewinnt, einen positiven Effekt.

Die Gewöhnung an einen neuen Reiz (Stressor) ist spezifisch an diesen Stressor gebunden und nicht auf andere Stressoren übertragbar. Dennoch fällt die Anpassung an neue Stressoren leichter, wenn die Stressbewältigung generell „trainiert" wurde. Ein gewisses Maß an Stress ist daher wichtig, um Stressbewältigung zu lernen. Kurze, nicht zu intensive Stressbelastungen mit zwischengeschalteten Erholungsphasen sind daher auf jeden Fall als sinnvolles „Stresstraining" einzustufen.

Diese schrittweise Gewöhnung an bestimmte Reize macht man sich bei der Desensibilisierung (meist in Verbindung mit der Gegenkonditionierung) zunutze.

Bei intensiven (starken) Stressoren bleibt die Stressreaktion jedoch bei jeder Wiederholung unverändert. Im ungünstigsten Fall tritt sogar eine Sensibilisierung ein.

Dies führt dazu, dass bei jeder Wiederholung der Stressor intensiver wirkt, die Stressreaktionen also stärker werden.

Intensivere Stressoren führen anscheinend eher zu biochemischen Veränderungen als weniger intensive Stressoren. Es ist allerdings noch unklar, ob bei intensiven Stressoren die Vorhersehbarkeit ebenfalls von Bedeutung für das Ausmaß der Hormonausschüttung und körperlichen Auswirkung ist.

HORMONELLE UND NEURONALE REAKTIONEN BEI STRESS

Bei einer Stressreaktion findet im Körper eine ganze Reihe an hormonellen und neuronalen Reaktionen statt, so dass man auch von einem Stress-Syndrom spricht. Ziel dieser Reaktionen ist es zunächst, die körperlichen Reserven zu mobilisieren und ausreichend Energie für Flucht oder Angriff zur Verfügung zu stellen. Im Zuge dieser Mobilisierung werden vermehrt Schilddrüsenhormone produziert, da diese stoffwechselaktivierend sind. Die nachfolgenden Hormonreaktionen dagegen regulieren die gesteigerten Hormonpegel wieder herunter und somit auch die der Schilddrüsenhormone.

Außerdem werden im Körper während der Stressreaktion unter anderem körpereigene Rauschmittel (Opioide) freigesetzt. Diese wirken schmerzstillend, aber auch euphorisierend. Das kann dazu führen, dass geringfügiger Stress körperlich süchtig macht. Dies erklärt bei Hunden zum Beispiel den selbstbelohnenden Charakter des Hetzens.

Die wichtigsten Hormone, die im Zuge der Stressreaktion freigesetzt werden, sind:

Adrenalin
Es wird vor allem bei psychischem Stress freigesetzt und hat eine stoffwechselsteigernde Wirkung. Die Wirkung von Adrenalin wird von den Schilddrüsenhormonen verstärkt.

Noradrenalin
Es wird vor allem bei körperlichem Stress freigesetzt und hat ebenfalls eine stoffwechselsteigernde und körperlich aktivierende Wirkung. Langanhaltender Stress oder ein Trauma kann zu einem erhöhten Noradrenalinspiegel führen.

Im Gehirn ist Noradrenalin als Neurotransmitter aktiv. Ein zu hoher Noradrenalinspiegel im Gehirn führt zu Aggression, Übererregung, Impulsivität und besonders leichter Erregbarkeit. Ein zu niedriger Noradrenalinspiegel führt zu Depressionen. Dies kann zum Beispiel eine Folge von psychischem Stress (z. B. bei empfundener Hilflosigkeit) sein. Sind die Noradrenalin-Vorräte im Gehirn erschöpft, entsteht „erlernte Hilflosigkeit".

> Erlernte Hilflosigkeit
>
> Ein für die Stressreaktion wichtiger Aspekt ist die Vorhersehbarkeit und Kontrolle einer Situation.
> In einer Situation, in der das Tier z. B. für dieses scheinbar willkürlich, unvorhersehbar und unkontrollierbar Schmerzen ausgesetzt ist, gibt das Tier den Versuch auf, den Schmerzen zu entfliehen, selbst wenn es ihm möglich wäre. Diese passive Haltung wird "erlernte Hilflosigkeit" genannt. Die Passivität wird nicht durch echtes Lernen erzeugt, sondern resultiert aus der Erschöpfung der Noradrenalinbestände im Gehirn. Daraus ergeben sich motorische Defizite. Nach einer gewissen Zeit, wenn der Noradrenalinspiegel sich wieder normalisiert hat, wird auch die potenzielle Fluchtmöglichkeit wahrgenommen.
> Bei den genannten Vorgängen sind jedoch auch noch andere Hormone, wie Dopamin und Serotonin, von entscheidender Bedeutung.

Cortisol
Es ist der Gegenspieler der aktivierenden Hormone Adrenalin und Noradrenalin und reguliert somit die ersten Stressreaktionen wieder herunter. Cortisol bewirkt daher unter anderem einen Abfall der T3-Konzentration, es wirkt entzündungshemmend und steigert die Immunabwehr. Die Halbwertszeit von Cortisol beträgt im Normalfall rund 20 Minuten.

Ein länger anhaltender hoher Cortisolspiegel, zum Beispiel als Folge von Dauerstress, führt zu einer Verminderung der Abwehrkraft und verschiedenen Anpassungskrankheiten (Allgemeines Anpassungssyndrom). Vorrangig sind hier Magen-Darm-Erkrankungen zu nennen, aber auch Erkrankungen des Herz-Kreislauf-Systems, der Nebennieren(-rinde) und Fortpflanzungsstörungen.
Im Wesentlichen werden bei Stress zwei Achsen – also aufeinander abgestimmte Organ- und Hormonreaktionen – aktiviert (s. Abb. 26):

- das sympatho-adrenomedulläre System (Achse A) und
- das Hypophysen-Nebennierenrinden-System (Achse B).

Beide Achsen sind auf vielfältige Weise miteinander verknüpft.

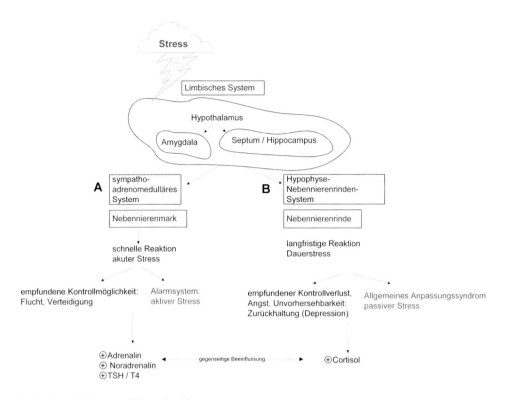

Abbildung 26: Stressreaktionen im Körper

Das sympatho-adrenomedulläre System wird vom Mandelkern (*Amygdala*) aktiviert. Der Mandelkern ist von Bedeutung bei der Entstehung und Verarbeitung von Emotionen und Motivation. Der Körper wird in die Lage versetzt, Hochleistungen zu vollbringen, die psychische Stimmung ist eher als euphorisch zu bezeichnen. Die angeregte Reaktion (Ausschüttung von Adrenalin und Noradrenalin) wird als schnelle Stressantwort eingestuft.

Bei der Aktivierung des Hypophysen-Nebennierenrinden-Systems (auch Hypothalamus-Hypophysen-Nebennieren-Achse (HHA) oder Hippocampus-Septum-Achse) spielt der *Hippocampus* eine wesentliche Rolle. Dieser ist für das räumliche Gedächtnis und die zielgerichtete Orientierung relevant. Massive Stresszustände beeinträchtigen die Gedächtnisleistung des Hippocampus. Länger anhaltende Stressbelastung kann zu Schrumpfungen im Bereich des Hippocampus führen.

Durch die Aktivierung des Hypophysen-Nebennierenrinden-Systems werden die körperlichen Reaktionen gebremst und die Stimmung ist eher deprimiert.

Der Hippocampus aktiviert ACTH und Cortisol, organisiert also die langfristige Stressantwort.

Normalerweise sollten die Reaktionen der beiden Achsen zur Wiederherstellung der Homöostase – des Körpergleichgewichts – führen. Reagiert die zurückregulierende Achse (also Achse B) über oder ist sie zu lange aktiv, entwickelt sich ein Allgemeines Anpassungssyndrom.

STRESSBEWÄLTIGUNG – COPING-MUSTER

Als Reaktion auf akute Stressreaktionen stehen dem Organismus verschiedene Verhaltensmöglichkeiten zur Verfügung, die im englischen Sprachraum als die „Four F" bekannt sind:

„Flight" = Flucht,
„Fight" = Angriff,
„Flirt" = Arrangieren (Bedingungsänderung, Beschwichtigung, Beseitigung der Bedrohung),
„Freeze" = Erstarren (Verdrängen, Leugnen, Passivität, „Einfrieren").

Diese Bewältigungsstrategien, die den Stress verringern, bezeichnet man als Coping-Strategien.

Welche der Reaktionen ein Hund im Stressfall bevorzugt zeigt, ist unter anderem abhängig von genetischen Dispositionen und individuellen Erfahrungen. Daraus ergeben sich die jeweilige Beurteilung einer Situation und die bewusste und / oder unbewusste Reaktion darauf. Von wesentlicher Bedeutung ist dabei, ob eine Situation generell eher als noch kontrollierbar oder eher als unkontrollierbar empfunden wird.

Die bevorzugten Coping-Muster kann man in den biochemischen Reaktionen den beiden oben beschriebenen Achsen (s. Abb. 26) zuordnen:

- Wird in einer Situation ein Kontrollverlust lediglich befürchtet, ist dieser aber noch nicht eingetreten, kann durch aktives Verhalten – also zum Beispiel Flucht oder Angriff – eine Änderung bewirkt werden. Über den Mandelkern (Amygdala) des *Limbischen Systems* werden das sympathische autonome Nervensystem und das Nebennierenmark aktiviert (Achse A).

- Ist ein Kontrollverlust bereits eingetreten, so ist eine Verhaltensaktivierung nicht mehr sinnvoll. Verhalten wird unterdrückt, die Situation verdrängt oder geleugnet. Dies erfolgt durch Aktivierung von Hippocampus und Septum des Limbischen Systems und die nachfolgenden Reaktionen der Hypothalamus-Hypophysen-Nebennieren-Achse (Reaktion B). Es handelt sich also quasi um eine Überreaktion der aktivitätsreduzierenden Stressachse.

Nicht nur die Beurteilung der Kontrollierbarkeit, auch die Vorhersehbarkeit ist für das individuelle Coping-Muster von entscheidender Bedeutung. Tritt ein Stressor wiederholt auf, ist der Ablauf einer Situation also bekannt, wird letztere zunehmend vorhersehbar. Je vorhersehbarer eine Situation wird, umso eher werden das sympathische autonome Nervensystem und das Nebennierenmark (Achse A) bei der Stressreaktion aktiviert. Der Hund reagiert, anstatt zu resignieren. Eine Steigerung der Vorhersagbarkeit ist jedoch bei starken Stressoren, bei denen die Stressreaktion jedes Mal unverändert stark stattfindet, vermutlich nicht möglich.

STRESS UND SCHILDDRÜSE

Dauerstress kann durch Senkung der Schilddrüsenhormonkonzentration eine Schilddrüsenunterfunktion vortäuschen. Andererseits kann Stress mit ein Auslöser dafür sein, dass sich eine genetisch mögliche Autoimmunkrankheit manifestiert.

Auch für einen an einer Schilddrüsenunterfunktion erkrankten Hund kann das Thema Stress von Bedeutung sein: Einige Hunde mit (subklinischer) Schilddrüsenunterfunktion scheinen extrem stressanfällig zu sein und auch lange im Stresszustand zu verharren. Das unterscheidet sie eindeutig von „normalen" Hunden, deren Toleranzgrenze wesentlich höher liegt und deren Erregungszustand sich schneller wieder normalisiert.

Die genauen Zusammenhänge, wie sich eine Schilddrüsenunterfunktion auf das Verhalten und speziell die Stressverarbeitung auswirkt, sind noch nicht geklärt. Hinsichtlich der Stressreaktionen gibt es aber Hinweise darauf, dass Hunde mit einer Schilddrüsenunterfunktion das beim Stress vermehrt gebildete Cortisol nicht ausreichend abbauen können. Selbst eigentlich normale und geringfügige Stressoren führen dann schnell dazu, dass die Hunde einen konstant erhöhten Cortisolspiegel erreichen und längere Zeit beibehalten. Das permanent im Körper zirkulierende Cortisol führt dazu, dass die Tiere quasi im Dauerstress sind.

Cortisol bewirkt das Absinken der Konzentration verschiedener aktivierender Hormone und Neurotransmitter. So wird unter anderem die T3-Konzentration reduziert, z. B. durch Hemmung von TSH und somit der Neubildung von T3. Das hat eine Drosselung des Energieverbrauchs des Körpers zur Folge. Langanhaltender Stress und somit dauerhaft hohe Cortisolspiegel führen zu einer Schwächung der Abwehrkräfte und zu verschiedenen Anpassungskrankheiten. Diese gesamten Reaktionen auf Dauerstress führen letztendlich zu Lethargie und Depressionen.

Dadurch ergibt sich ein Stresskreislauf, bei dem Ursache und Wirkung nicht mehr voneinander zu trennen sind (s. Abb. 27):

- Stress bewirkt erhöhte Cortisolwerte,
- hohe Cortisolwerte korrelieren mit niedrigen Schilddrüsenhormonkonzentrationen,
- niedrige Schilddrüsenhormonkonzentrationen bewirken eine höhere Stressanfälligkeit,
- unzureichender Cortisol-Abbau verlängert die Stresszeiten.

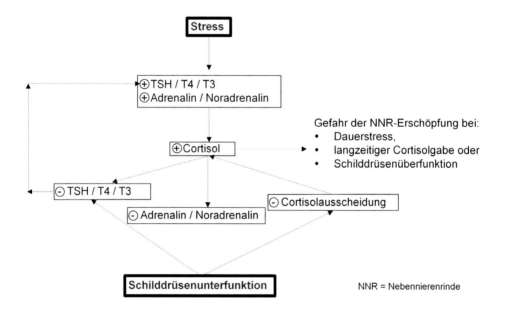

Abbildung 27: Stresskreislauf

Hinzu kommt, dass bei einer Schilddrüsenunterfunktion häufig ein erhöhtes Aggressions- und / oder Angstpotenzial auftreten kann. Hierdurch wird wiederum der Stresspegel erhöht. Dies trifft zwar vor allem auf unbehandelte Hunde zu, ist aber in bestimmten Situationen auch bei behandelten Hunden zu beobachten. Denn bei

behandelten Hunden mit Schilddrüsenunterfunktion ist ein weiterer Aspekt von Bedeutung:
Im Normalfall wird bei akutem kurzzeitigem Stress die TRH-Konzentration erhöht. Dies bewirkt eine Erhöhung des TSH-Spiegels und somit der Schilddrüsenhormonkonzentration. Bei akutem Stress wird der Körper unter Mitwirkung der Schilddrüsenhormone zu erhöhter Leistungsbereitschaft mobilisiert. Dadurch werden die vorhandenen Schilddrüsenhormone „verbraucht", was im Normalfall durch eine erhöhte Produktion ausgeglichen wird. Der Bedarf und der Verbrauch der Schilddrüsenhormone sind also gleich hoch.

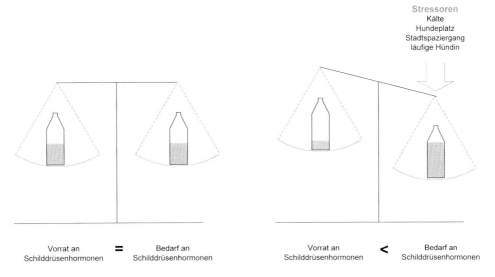

Abbildung 28: Hormon-Gleichgewicht und -Ungleichgewicht

Ein Hund mit Schilddrüsenunterfunktion kann selbst keine Hormone bilden, ist also auf eine externe Hormongabe angewiesen. Bei gut eingestellten Hunden bietet das im Blut zirkulierende T4 einen ausreichenden Puffer, um Stress im normalen Umfang ausgleichen zu können. Bei außergewöhnlichen oder länger anhaltenden Stresssituationen sowie bei falsch eingestellten Hunden kann es aber sein, dass der T4-Puffer nicht ausreichend sein. Dadurch entsteht ein Ungleichgewicht: der Bedarf an Schilddrüsenhormonen ist größer als die Menge der verfügbaren Hormone.
Wird beim Hund zusätzlich T3 substituiert, verstärkt sich diese Wirkungen von Stress, da T3 sehr viel schneller umgesetzt wird als T4.

Zusammenfassend kann gesagt werden, dass viele „Schildis" auch nach der Substitution extrem stressanfällig zu sein scheinen. Dies gilt besonders für jene, die bereits vor der Substitution durch schlechtes Stressmanagement auffielen. Hierfür sind folgende Erklärungen denkbar:

- Im Zuge der Stressreaktion erfolgt eine Aktivierung des Stoffwechsels. Durch diese allgemeine Mobilisierung werden die vorhandenen Schilddrüsenhormone verbraucht und können nicht oder nicht ausreichend nachproduziert werden.
- Cortisol hemmt die TSH-Ausschüttung. Darüber wird die eventuell noch hormonproduzierende Rest-Schilddrüse „heruntergeregelt". Da im Rahmen der Stressaktivierung kein ausgesprochener Hormonüberschuss produzierbar war, entsteht im Körper also ein Hormondefizit.
- Cortisol reduziert das Bindungsvermögen der Trägerproteine. Dadurch findet ein erhöhter Abbau der Schilddrüsenhormone statt. Diese können aufgrund der Erkrankung der Schilddrüse nicht oder nicht ausreichend nachproduziert werden.
- Der Hund ist aufgrund genetischer Disposition, mangelnder Sozialisation, Deprivation oder Ähnlichem ohnehin nur bedingt stresstolerant.

Vermutlich treffen auf die jeweiligen Hunde alle Erklärungen mit unterschiedlich hohem Anteil zu.

ANZEICHEN VON STRESS

Die Anzeichen von Stress bei Hunden sind so individuell wie die Hunde selbst. Jeder Hund zeigt individuell typische Stressreaktionen, die man durch Beobachtung des Hundes schnell erkennen kann. Während der eine Hund bei Stress sehr aktiv wird, wird ein anderer Hund äußerlich dagegen sehr ruhig. Während sich der eine Hund mehr auf seine Umwelt zu konzentrieren scheint, zieht sich ein anderer Hund in sich zurück. Anhand der individuellen Verhaltensmuster erkennt man meist sehr gut, wann der Hund anfängt, gestresst zu reagieren, und kann entsprechend gegensteuern oder ausgleichend wirken.

Abbildung 29: Angelegte Ohren, lange Mundspalte als Stressanzeichen

Da die nachfolgend genannten Verhaltensweisen je nach Situation auch unabhängig von Stress gezeigt werden können, sind sie als Stressanzeichen immer in Zusammenhang mit der gesamten Situation zu sehen, in der sie auftreten. Die genannten Symptome werden nicht alle gleichzeitig gezeigt. Die Liste ist noch erweiterbar.

- Nervosität, Ruhelosigkeit, Hyperaktivität, leichte Erregbarkeit,
- Überreaktion, Aggressivität, aggressives Verhalten gegen sich selbst (Selbstbeschädigung),
- ängstliches Verhalten (z. B. dauerndes Ohrenanlegen, Züngeln),
- Verstörtheit,
- zwanghafte Verhaltensstörungen: übertriebene Lautäußerung, übertriebene Körperpflege bis hin zum Wundlecken, Stereotypien, Leinebeißen und -zerren,
- Ausblenden der Umwelt, Tunnelblick, mangelnde Aufmerksamkeit / Konzentration,
- Fixieren von anderen Lebewesen (z B. Fliegen an der Wand), Gegenständen, Lichtkegeln,
- Passivität,
- übermäßiges Schlafbedürfnis, besonders bei chronischem Stress,
- Beschwichtigungssignale in eigentlich dafür ungewöhnlichen Situationen,
- umorientiertes Verhalten, Übersprungshandlungen: Gähnen (ein häufiges und deutliches Stressanzeichen), Aufreiten,
- Schütteln – häufig **nach** der angespannten Situation,
- Störungen im Magen-Darm-Trakt, häufiges Urinieren und Koten, Erbrechen, Durchfall,
- unangenehmer Körpergeruch / Mundgeruch (wegen starker Magensäurebildung), Schaumbildung vor dem Mund,
- Hautprobleme, besonders bei chronischem Stress, Schuppenbildung, Haarausfall (z. B. beim Tierarztbesuch),
- Appetitlosigkeit oder Fresssucht, übermäßiger Durst,
- Schweißpfoten,
- Veränderung der Augenfarbe, Glotzaugen,
- verhärtete Muskeln, Strecken, Dehnen, Steifheit, Zittern,
- Allergien, Störungen des Immunsystems.

Abbildung 30: Glotzaugen als Stressanzeichen

Abbildung 31: Wegschauen und angelegte Ohren als Stressanzeichen

UMGANG MIT DEM GESTRESSTEN HUND

Wie kann man das bisher Gesagte ins Training mit stressgeplagten Hunden umsetzen? und: Was macht man mit einem Hund, der schnell in Stress gerät und nur langsam wieder auf das Normalniveau zurückkommt?

Wichtig sind zunächst zwei Leitsätze:

Akuter Stress verhindert logisches Denken.

Unter dem Einfluss starker Emotionen (z. B. Angst) ist man nicht zu klarem logischem Denken in der Lage. Selbst die ansonsten üblichen Reaktionen wie soziale Hemmung, Impulskontrolle und erlernte Mechanismen zur Stress- und Konfliktbewältigung sind dann oft nicht mehr abrufbar. Stattdessen stehen nur noch stereotype, „altbewährte" Verhaltensweisen zur Verfügung. Häufig sind das die Varianten Angriff oder Verteidigung.

Andererseits kann die Konzentration auf eine schwierige geistige Aufgabe aber auch helfen, Stressreaktionen oder sogar Traumata (starke Schockerlebnisse) zu bewältigen, da das Limbische System (aktiviert bei starken Emotionen und Stress) und die Großhirnrinde (aktiviert beim Lernen) sich gegenseitig „blockieren".

Stress kann aggressiv machen.

Stress senkt die Reizschwelle für bestimmte Reaktionen wie zum Beispiel aggressiv abwehrendes Verhalten. Je mehr die Stressursache als negativ und unangenehm empfunden wird, desto leichter wird beim Hund eine aggressive Reaktion ausgelöst. Ziel der Aggression kann jedes unmittelbar in der Nähe befindliche Lebewesen sein, selbst wenn es eigentlich völlig unbeteiligt ist.

Bei sexuell leicht erregbaren Rüden mit (subklinischer) Schilddrüsenunterfunktion kann eine Kastration aus medizinischen Gründen ratsam sein. In den Hitzephasen der Hündinnen in der Umgebung, die untereinander nicht synchronisiert sind und sich daher insgesamt über einen geraumen Zeitraum des Jahres erstrecken können, sind diese Rüden bei Gassigängen so hoch erregt, dass die Zeit zwischen den Spaziergängen nicht ausreicht, um sie wieder auf einen normalen Stresslevel zu bringen. In diesen Fällen kann eine Kastration den Stresskreislauf durchbrechen.

Häufig hört man die Ansicht, dass man vor bekannten und vor allem länger andauernden Stress-Situationen die Tablettendosis im Vorfeld etwas erhöhen sollte. Hierbei ist zu berücksichtigen, dass bis zur optimalen Wirkung der Tabletten rund eine halbe bis eine Stunde vergeht. Andere gehen davon aus, dass ein korrekt eingestellter und stabil dosierter „Schildi" keine vorsorglich erhöhte Tablettendosis braucht. Letztendlich sollte es jeder „Schildi"-Besitzer selbst ausprobieren und ggf. situationsbezogen einsetzen.

Das Training sollte möglichst stressarm gestaltet werden. Dies trifft auf alle Hunde zu, aber besonders auf Hunde mit einer Schilddrüsenunterfunktion, sofern sie leicht in Stress geraten. Stressarmes Training bedeutet u. a.:

- Vermeidung von Unter- und Überforderung,
- Vermeidung unklarer Befehle / Situationen durch Konsequenz und Eindeutigkeit,
- regelmäßiges, aber nicht zu lang dauerndes Training,
- ruhige und ausgeglichene Trainingssituationen schaffen und Anforderungen nur langsam erhöhen,
- Erziehungsmethoden auswählen, die möglichst stressarm sind, also z. B. nicht mit gezielter Verunsicherung als Erziehungsmittel arbeiten,
- hohes Maß an Routine und Regelmäßigkeiten,
- Stressbewältigungstraining.

Vor allem bei jagdaktiven Hunden wird häufig empfohlen, sie während des Spaziergangs zu beschäftigen, Suchspiele zu machen, sie mehr oder weniger auf einen Ball zu fixieren. Die vielfach angepriesene „Dauerbeschäftigung" beim Spaziergang kann jedoch bei „Schildis" schnell zum Problem werden. Denn sie kann dazu führen, dass der Hund aufgrund der gutgemeinten „Beschäftigungstherapie" ein hohes Erregungsniveau erreicht und als Folge gerade dieser „Ablenkungsmanöver" im Hetzen von Wild das notwendige Ventil für sein aufgestautes Stresspotenzial sieht. Daher sollte Wert auf ruhige Beschäftigungen und ausreichend Pausen gelegt werden.

Gut geeignet sind Aktivitäten, bei denen der Hund sich auf sich selbst und sein Körpergefühl konzentrieren muss oder bei denen er mental gefordert wird, z. B.:

- Balancegänge über Baumstämme,
- kleine "Dogdance"-Einlagen, also z. B. den Hund im Slalom durch die Beine des Besitzers laufen lassen,
- „Unterordnungsübungen" aus der Distanz – wobei hierbei unbedingt auf den nötigen Spaß auf beiden Seiten zu achten ist,
- Suchspiele – besonders beliebt ist die Suche des Futterbeutels oder verstreuter Futterbrocken,
- phasenweise einfach mal „relaxtes Nichtstun" an der Leine,
- und nicht zuletzt: Schmusepausen.

Bei den meisten Hunden ist die Fährtensuche sehr beliebt. Richtig aufgebaut, kann sich fast jeder Hund restlos dafür begeistern. Das Abarbeiten einer Fährte kann manch eine langdauernde bewegungsaktive Beschäftigungs-möglichkeit ersetzen und fordert den Hund mental.

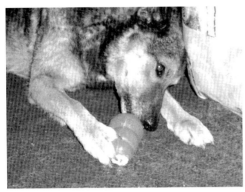

Abbildung 32: Der Kong

Auch zu Hause bieten sich mentale Aktivitäten als Alternative zu aktionsgeladenen Spielen an. Hier stehen wiederum Suchspiele ganz oben, aber auch „intelligentes" Hundespielzeug, Futterball und Kong.

Bei „Schildis" sollte unbedingt auf ausreichende und gründliche Erholung und Entspannung geachtet werden. Dazu gehört ein als sicher und ruhig empfundener Schlafplatz, der zum Beispiel für Kinder, Zweithund und andere Haustiere absolut tabu ist. Viele „Schildis" lieben es, sich in „Höhlen" zu verkriechen. Diese bieten ein hohes Maß an Sicherheit und somit dem Hund eine gute Möglichkeit zu entspannen. Als „Höhle" bieten sich Flugboxen (Kennel) oder abgedeckte Zimmerzwinger an.

Abbildung 33: Stoffbox als sichere Höhle

Für besonders nervöse Hunde hat sich ein transportables Zelt bewährt, das auch an fremden Orten schnell als sicherer Rückzugsort aufgebaut werden kann. Weniger gestresste Hunde begnügen sich mit „ihrer" Decke oder sogar nur dem Platz unter einem Stuhl oder einer Bank. Allerdings sollte das generelle Ziel sein, dem Hund insgesamt so viel Sicherheit zu vermitteln, dass er auf diese Schutzhöhle in der Regel verzichten kann.

Langfristig sollte der Hund daher an möglichst viele verschiedene Situationen gewöhnt werden. Der Hund muss lernen, mit unbekannten Situationen „unverkrampft" umzugehen.

Abbildung 34: Zimmerzwinger

Prinzipiell stehen einem Tier verschiedene Möglichkeiten offen, auf Neues zu reagieren: Angriff, Flucht, Arrangieren, Erstarren („Four F"). Damit sind auch Verhaltensweisen wie Auseinandersetzen mit der Situation, Neugierde, vorsichtige Annäherung etc. erfasst.

Gerade wenn ein Hund leicht in Stress gerät, ist es wichtig, eine Vielzahl an möglichen Verhaltensweisen zu etablieren. Häufig besteht bei diesen Hunden eine mangelhafte Sozialisation, die zusätzlich das Erlernen alternativer Verhaltensweisen unterbunden hat. Oft beschränken sich ihre Lösungskonzepte auf Angriff oder Flucht. Durch umsichtiges Training mit entsprechend vielen Erfolgserlebnissen und vorsichtiger sozialer Unterstützung können aber weitere – die eigentlich normalen - Verhaltensweisen erlernt werden und das oft mangelnde Selbstvertrauen gesteigert werden. Der Hund sollte möglichst viele Verhaltensvarianten für verschiedene Situationen zur Verfügung haben. Hierbei kann man dem Hund anfangs gezielt Lernhilfen geben, indem man selbst verschiedene Möglichkeiten anbietet (Laufen, Schnüffeln, Zerrspiele) oder vom Hund ansatzweise gezeigte Varianten (z. B. Beschwichtigung statt Angriff) belohnt oder unterstützt (z. B. Bogenlaufen). Zudem bieten sich hier die altbewährten Techniken der Desensibilisierung an, gegebenenfalls in Verbindung mit einer Gegenkonditionierung.

Trotz allen Trainings gibt es im Alltag jedoch immer wieder Situationen, die den Hund überfordern, in denen er in Stress geraten und „dichtmachen" kann. Dann sollte der Halter dafür Sorge tragen, dass der Hund möglichst schnell wieder auf das Normalniveau zurückkommt. Zu beachten ist, dass der Hund in diesen Phasen schnell in alte Verhaltensmuster zurückfällt. Der starke Stress, unter dem der Hund in diesem Moment steht, führt dazu, dass der Hund wieder in sein altes gewohntes Verhalten zurückfällt. Leider wird häufig (fälschlicherweise) die Meinung vertreten, der Hund wolle rein aus Dominanzgründen oder Dickköpfigkeit seinen Halter ärgern.

In solchen Fällen sollte der Hund schnellstmöglich aus der stressenden Situation herausgenommen werden. Ist das nicht möglich, hat sich ein antrainiertes Entspannungssignal bewährt, um zumindest kurzzeitige Krisensituationen zu überstehen. Auch Körperkontakte haben oft den Erfolg, den Hund zu beruhigen.

In Krisensituationen ist eine stabile und vertrauensvolle Beziehung zwischen Hund und Halter von entscheidender Bedeutung. Sie ermöglicht dem Halter, dem gestressten Hund die nötige soziale Unterstützung (social support) zu geben. Besonders in Angstsituationen spielt die Stimmungsübertragung eine wichtige Rolle. Die oben angesprochenen Punkte werden nachfolgend näher erläutert.

STEIGERUNG DES SELBSTVERTRAUENS

Ein starkes Selbstvertrauen – also das Vertrauen in die eigenen Fähigkeiten – reduziert das Gefühl, einer Situation hilflos ausgeliefert zu sein. Damit steigt die Stresstoleranz.

Zur Steigerung des Selbstbewusstseins sollte der Hund möglichst viele Erfolgserlebnisse haben. Das Training ist also in entsprechend kleine, lösbare Aufgaben zu unterteilen. Die Schwierigkeit hierbei ist oft, die Aufgaben nicht zu einfach, aber auch nicht zu schwer zu wählen.

Erlebnistouren, zum Beispiel Bergwanderungen, bei denen Hund und Halter zusammen schwierige Wegstrecken bewältigen, bieten Lernerfolge in vielerlei Hinsicht: Erfolgserlebnisse des Hundes, neue Reize durch neue Umgebung und neue Aktivitäten, Förderung der Bindung durch gemeinsame Aktivitäten.

Jede schwierige oder gefährlich scheinende Situation, die der Hund alleine oder mithilfe des Halters erfolgreich durchsteht, gibt dem Hund ein kleines Stück Selbstvertrauen.

VERHALTENSMUSTER

Meist wird nach Beginn der Hormonsubstitution sehr schnell eine Verhaltensbesserung erkennbar. Der Hund ist weniger aufbrausend, in Krisensituationen besser ansprechbar bzw. abrufbar, etc. Einige „störende" Verhaltensmuster erledigen sich sogar sehr schnell und quasi von alleine und bedürfen keines besonderen Trainings. In den meisten Fällen ist aber erst mit der Gabe der Schilddrüsenhormone eine wirkliche Erziehung in bestimmten Situationen möglich. Verhaltensmuster, die eventuell über Jahre aufgebaut wurden, wirft der Hund nicht plötzlich über Bord, nur weil er nun die Welt mit anderen Augen sieht. Hier sind zum Teil sehr viel Geduld und Fingerspitzengefühl erforderlich.

Der Hund hat jahrelang in einer bestimmten Situation mit stereotypem Verhalten reagiert. Jede Situation setzt sich aus unabhängigen, aber vom Hund eng verknüpften Komponenten zusammen. Beispielsweise besteht eine bedrohliche Hundebegegnung nicht nur aus dem Anblick des Fremdhundes, sondern auch aus den Rahmenbedingungen: die beiden Hundehalter, Reaktionen der Halter, Druck des Halsbands etc.
Je mehr dieser Umgebungsbedingungen anfangs geändert werden können, desto größer sind die Chancen, dass der Hund die Situation als eine grundsätzlich andere empfindet und nicht sofort mit den alten Verhaltensmustern reagiert. Häufig bietet bereits der Austausch des Halsbands durch ein Geschirr eine Möglichkeit, erste Erziehungserfolge zu erreichen und dann auszubauen.

Sind keine großen Variationen in den üblichen Rahmenbedingungen möglich, besteht noch die Möglichkeit, zunächst an fremden Orten zu üben. Dadurch hat man mindestens zwei neue Komponenten, die vom gewohnten Trott abweichen: neue Umgebung und vermutlich andere Hunde, die nicht schon als „Feinde" eingestuft sind. Die dabei erreichten Erfolge kann man dann langsam auf die gewohnte Umgebung übertragen.

Wichtig ist es, zu berücksichtigen, dass in bestimmten Situationen, z. B. wenn der Hund ohnehin stark gestresst ist oder die Hormondosierung zu niedrig ist, sehr schnell wieder ein Rückfall in alte Verhaltensmuster stattfinden kann. Diese Verhaltensmuster sind im Gehirn quasi wie gut ausgebaute Autobahnen angelegt und werden in bestimmten Situationen einfach „reflexartig" abgespult. Letzteres hat dann nichts mit mangelnder Erziehung, Dominanz oder Bösartigkeit des Hundes zu tun, sondern zeigt lediglich, dass in einer Situation zu viel vom Hund verlangt wurde.

ERLERNTES ENTSPANNUNGSSIGNAL

Mithilfe eines erlernten Entspannungssignals soll der Hund sich im Idealfall in stressigen Situationen „auf Kommando" entspannen.

Hierzu ein Beispiel: Stellen Sie sich vor, Sie sitzen in ihrem Lieblingssessel vor dem prasselnden Kamin, einen schmackhaften Tee vor sich, der Hund hat sich gemütlich um ihre Füße gewickelt, ihre Lieblingsmusik läuft im Hintergrund – Sie fühlen sich rundum wohl!

Am nächsten Tag ist im Büro die Hölle los, Sie sind genervt, überfordert, wissen nicht, wo Ihnen der Kopf steht. Plötzlich wird ihr Lieblingslied im Radio gespielt und Sie werden an den entspannten Vorabend erinnert. Sie fühlen sich für einen Moment so richtig gut und schöpfen aus diesem Moment die dringend benötigte Energie.

Genau solche kleinen „Ruhepausen" in Stress-Situationen können mit einem antrainierten Entspannungssignal auch Hunden – also quasi dem „Lieblingslied" der Hunde – geboten werden.

Um das Signal aufzubauen, nutzt man Momente, in denen der Hund völlig entspannt und rundum zufrieden ist, z. B. die abendliche Kuschelrunde auf / vor der Couch oder eine Kuschelpause beim Spaziergang. Ist der Hund so richtig schön entspannt, wird diese Situation mit einem Signal verknüpft: „ruuuuhig", „Oooommm" – einem Signal, welches ansonsten nicht verwendet wird, bevorzugt dunkle Vokale enthält und in einer ruhigen Tonlage gesprochen wird.

Ist dieses Geräusch ausreichend mit dem entspannten Moment verknüpft, also häufig genug nur in völlig entspannten Situationen verwendet worden, bewirkt das Entspannungssignal auch in hektischen Situationen eine Entspannung. Diese kurzzeitige Entspannung kann man dann benutzen, um den Hund aus der Stresssituation herauszuführen.

Abbildung 35: Eine gute Gelegenheit zum Signalaufbau

GEZIELTE KÖRPERKONTAKTE

Körperkontakte sind bei sozial lebenden Wesen wie dem Hund von enormer Bedeutung. Häufig erreicht man den erregten Hund noch mittels taktiler Reize, wenn bereits alle anderen Sinne stark eingeschränkt sind. Allerdings müssen die Körperkontakte unbedingt auf den Hund abgestimmt sein. Nicht jeder Hund akzeptiert zum Beispiel Kontakt im Kopfbereich, wenn er gerade einen anderen Hund fixiert. Bei anderen Hunden kann genau diese Berührung am Kopf ausschlaggebend sein, um dem Hund die entscheidende Unterstützung zu geben.

Richtig eingesetzt, können Körperkontakte in Form von einfachen Streicheleinheiten oder gekonnten Massagen gut genutzt werden, um den Hund zu beruhigen, zu unterstützen und ihm ein gewisses Körpergefühl zu vermitteln. Durch ein besseres Körpergefühl kann ein höheres Selbstwertgefühl entstehen. Dies wiederum kann helfen, psychische Auffälligkeiten und Verhaltensprobleme zu reduzieren. Auch werden bei positiv empfundenem Körperkontakt euphorisierende Opioide freigesetzt.

Körperhaltung und Selbstgefühl beeinflussen einander gegenseitig (Beispiel beim Menschen: ein zunächst erzwungenes Lächeln, welches sich verselbstständigt). Bewährt haben sich langsame, ruhige Streichelbewegungen über den gesamten Rückenbereich, also quasi das Wegstreichen der aufgestellten Kammhaare. Ebenso wirkungsvoll sind sanfte Massagen an den Ohren oder das Ausstreichen über die Beine. Manche Hunde scheinen auch schon durch die Verwendung eines Geschirrs anstatt eines Halsbands eine gewisse Sicherheit zu erlangen.
Eine gute Möglichkeit, gezielt mit Berührungen zu arbeiten, bietet die TelligtonTouch®-Methode..

ANGST UND STIMMUNGSÜBERTRAGUNG

Die Bindung und Orientierung zum Menschen (Halter) hin hilft dem Hund, unsichere Situationen durchzustehen. In Momenten, in denen der Hund ängstlich reagiert, sollte man dem Hund durch Berührung oder neutrale bis freundliche Ansprache Beistand gewähren. Allerdings ist ein bedauerndes, bemitleidendes Ansprechen fehl am Platz. Sucht der Hund aktiv Schutz, sollte dieser gewährt werden. Das häufig empfohlene komplette Ignorieren des hilfesuchenden Hundes hilft dem Hund in dieser Situation nicht, sondern kann sogar zu einem Vertrauensverlust führen. Dem Hund sollte beim Halter ein sicherer Zufluchtsort und Beistand gewährt werden, ohne ihn aber in seiner Angst zu bestärken.

Von Bedeutung ist die Stimmungsübertragung vom Halter zum Hund. Häufig geschieht diese in für den Hund angstauslösenden Situationen, die der Mensch vor dem Hund wahrnimmt (z. B. entgegenkommender Fremdhund). Typische Reaktion des Menschen ist dann häufig, sich bezüglich der voraussehbaren Reaktion des Hundes zu wappnen und die Situation entsprechend emotional negativ zu bewerten. Dies nimmt der Hund wahr und fühlt sich in seiner Bewertung der Situation bestärkt.

Das ist besonders bei Haltern von Hunden mit Schilddrüsenunterfunktion zu erleben, da solche Hunde unbehandelt häufig ein hohes Erregungs- und Angstpotenzial hatten, welches sich oft als Aggression darstellte. Häufig werden diese Reaktionen vom Halter und somit auch vom Hund quasi mit in die Zeit nach Beginn der Behandlung hinübergetragen.

Stimmungsübertragung kann sich aber auch positiv auf die Reaktion des Hundes auswirken. Nämlich dann, wenn der Halter gerade in „kritischen" Situationen ruhig und gelassen bleibt und sich vom ängstlich / aggressiv reagierenden Hund nicht anstecken lässt.

Eine Möglichkeit, den Hund von angstbesetzten Situationen abzulenken, ist das Ausführenlassen von gut sitzenden Kommandos. Dies kann dem Hund Sicherheit vermitteln. Besonders wertvoll sind in diesem Zusammenhang „Kunststücke", die rein positiv aufgebaut wurden (zum Beispiel durch Clickertraining) und den Hund beim Ausführen an diese emotional positiv besetzten Übungseinheiten „erinnern".

Abbildung 36: Gestresster Hund mit Maulspalte und zurückgezogenen Ohren

Abbildung 37: Social Support: die entspannte Stimmung überträgt sich von einem auf den anderen Hund

Stress ist also besonders für einen Hund mit einem gestörten Schilddrüsenregelsystem eine wichtige und vom Hundehalter auch unabhängig von der Hormongabe zu beeinflussende Größe. Stress beeinträchtigt das Lernen und kann die Aggressionsbereitschaft erhöhen. Um die erlernten Verhaltensweisen und gewohnten Reaktionen nach Beginn der Substitution zu verändern, ist auf ein auf positiver Bestärkung aufgebautes, stressreduziertes Training zu achten. Andere vorgestellte Möglichkeiten, wie die Verwendung eines Geschirrs statt eines Halsbands, wirken unterstützend.

7. ERFAHRUNGSBERICHTE

ÜBERBLICK

Aus eigener Erfahrung sowie nach zahlreichen persönlichen Berichten anderer betroffener Hundehalter scheint sich ein (allerdings nicht anhand von systematisch erfassten Datenmengen erstelltes) typisches Schema für Hunde mit subklinischer Schilddrüsenunterfunktion sowie deren Halter zu ergeben:

- **Rasse**: reinrassig oder Mix aus einer oder mehrerer der hauptsächlich betroffenen Rassen;
- **Ausbruch der Krankheit**: Beginn der Verhaltensänderungen (soweit feststellbar) meist in relativ jungem Alter (1 - 2 Jahre) – allerdings mit absolut überzogenen „pubertären Angewohnheiten" – oder nach besonders hervorstechenden, langfristig stresserzeugenden Ereignissen; dies können zum Beispiel die Hormonumstellungen in der „Pubertät" sein, aber auch schwere Erkrankungen, Operationen, Unfälle;
- **Lebensweg**: meist „schlechte" Vorgeschichte und ungenügende Sozialisation und somit häufig Dauerstress über längere Zeit; aufgrund der mangelnden Sozialisation treten häufig ohnehin Verhaltensprobleme auf;
- **Verhalten**: Tunnelblick, geringe Stresstoleranz, phasenweise unansprechbar oder weggetreten, wechselhaft, aggressiv gegen Mensch und / oder bestimmte andere Tiere; teilweise können diese Verhaltensweisen mit einer ungenügenden Sozialisation erklärt werden, teilweise treten sie aber auch trotz einer (im betreffenden Punkt) guten Sozialisation auf;
- Besonders bei **Umwandlungsstörungen**: extrem hohe Reaktivität (z. B. extreme Reaktionen auf Bewegung / Wild / Artgenossen), starke Verhaltensauffälligkeiten, starke Reaktionen bei Hormonschwankungen;
- **Halterreaktionen**: aufgrund des „unbeherrschbaren" Hundes häufiger Wechsel der Hundeschulen (oder Resignation); bedingt durch die Hilflosigkeit in Hundeschulen hoher Bildungsgrad in Sachen Hundeerziehung (Selbsthilfe); häufig über Hunde-Foren auf die Schilddrüsenunterfunktion aufmerksam geworden;
- **Behandlungsreaktion**: nach Beginn der Behandlung innerhalb kurzer Zeit deutliche Verhaltensbesserungen zumindest in einigen Bereichen feststellbar, besonders deutlich bei Umwandlungsstörungen.

SINA, DIE WILDE

Abbildung 38: Sina

Über Sinas Vorgeschichte ist mir wenig bekannt. Sie ist ein Westerwälder-Kuhhund-Mix (Altdeutscher Hütehund-Mix), deren ursprünglichen Besitzer mit ihr hoffnungslos überfordert waren. Sie landete daher im Zwinger, in dem sie rund 8 Monate ihrer Junghundezeit verbrachte und wenig Gelegenheit zum Erkunden der Welt hatte. Dann gelang ihr die Flucht. Nachdem sie dabei eine Pferdeherde zusammengetrieben hatte, landete sie im Tierheim. Dort lebte sie die nächsten 4 Monate. Im Tierheim galt sie als schwer erziehbar, ungestüm und als Problemhund. Eine nennenswerte Erziehung oder den Aufbau einer Bindung zu Menschen hatte sie bis dahin nicht erlebt.

Als ich Sina als einjährigen Hund aus dem Tierheim zu mir holte, wurde schnell klar, dass sie ein außergewöhnlicher Hund war. Nicht nur ihre hohe Intelligenz fiel auf, sondern auch ihre extrem große Spontaneität, Unberechenbarkeit und ihr „Koste es, was es wolle" - Prinzip.

Für gewöhnlich sah unser Spaziergang so aus, dass Sina heftig ziehend in der Leine hing, chaotisch von links nach rechts pendelnd alles Mögliche untersuchte und immer wieder völlig vergaß, dass sie an der Leine war. Manchmal knallte sie so in die Leine, dass sie mich einfach umriss. Leinen und Halsbänder hielten in der Regel nur wenige Wochen. Sina zog Scherben scheinbar magisch an, sie hatte meistens irgendeinen Fuß genäht oder geklammert und verbunden. Außerdem hatte sie chronisch entzündete Augen, was der Tierarzt auf zu wenig Tränenflüssigkeit zurückführte, so dass regelmäßig künstliche Tränenflüssigkeit von mir zugeführt werden musste. Ebenso waren Ohrenentzündungen, Erkältungen und Magen-Darm-Probleme an der Tagesordnung. Jegliche Versuche, sie an unsere Katzen zu gewöhnen, scheiterten. Beim Anblick der Katzen drehte sie sofort und völlig durch.

Auf der Suche nach Abhilfe suchte ich etliche Trainer auf – erfolglos. Da Sina gegenüber verschiedenen Hunden aggressiv war, wurden wir letztendlich des Hundeplatzes verwiesen. Zweimal hatte sie beim Spazierengehen unerklärliche Krämpfe. Diese dauerten circa 5 Minuten, beschränkten sich auf die hintere

Körperregion und irritierten Sina ganz offensichtlich. Sofort danach benahm sie sich wieder unauffällig.

Erst nach fast 2 Jahren gelang uns durch die Hilfe einer Verhaltenstherapeutin ein Durchbruch: Bei Sina wurde eine subklinische Schilddrüsenunterfunktion festgestellt. Ihre Schilddrüsenwerte waren niedrig, aber noch innerhalb des Referenzbereichs.

Die Therapie begann, und mit Sinas Verhalten ging es steil bergauf. Sina lernte gesittet an der Leine zu laufen und verhielt sich auch ansonsten im Wesentlichen wie ein „normaler" Hund. Sogar auf den Hundeplatz konnten wir uns wieder wagen. Dennoch gab es immer wieder Rückschläge: unmotivierte Aggressionen gegenüber bestimmten Hunden, Magen-Darm-Probleme. Allerdings nichts im Vergleich mit der Anfangssituation. Die Dosis lag bei 500 µg bei rund 24 kg Körpergewicht.

Nach circa einem Jahr Behandlung wollte ich Sina auf ein anderes Futter umstellen. Sehr schnell machten sich gravierende Veränderungen bemerkbar. Sinas Verhalten wurde schlimmer als zu ihrer schlimmsten Zeit. Sina, die bisher beim Gassigehen fast nur im Freilauf unterwegs gewesen war, musste an die Schleppleine. Sie fing an, alles Mögliche und Unmögliche in weiter Entfernung zu fixieren und zu jagen – meist völlig unsinniges Zeug wie Grasbüschel oder ähnlich „interessante" Sachen. Sie hatte Schaum vor dem Maul, lief mit dauerangelegten Ohren herum, fürchtete sich plötzlich vor Gewitter, wurde wieder sehr aggressiv gegen andere Hunde. Auch riss sie mich wieder mehrfach mit der Leine um.

Die Lösung fand sich durch Zufall. Der Jodgehalt des neuen Futters war nur halb so hoch wie der des alten Futters. Obwohl daraufhin das Futter wieder umgestellt wurde – nach rund einem Monat Testphase – änderte sich Sinas Verhalten zwar etwas, aber nicht wesentlich. Sie reagierte sehr sensibel auf die Tablettengabe bzw. darauf, wenn diese mal vergessen wurde. Eine Aufteilung der Tablettendosis auf 3 Mal am Tag brachte etwas Besserung, dennoch wurde Sina nicht mehr der Hund, der sie vorher gewesen war. Auch eine Variierung der Dosishöhe brachte keine positiven Veränderungen. Die T4-Blutwerte waren bei der Dosis von 600 µg relativ hoch, daher erfolgte eine Reduzierung auf 550 µg.

Sina bekam immer helleren Kot, speichelte nach wie vor bei Spaziergängen, auf ihrem Rücken bildete sich über dem Rückgrat ein Wuschelpelz aus, das Fell um die Schnauze wurde zunehmend grauer. Sie schlurfte sehr viel und bekam eine Kiefergelenksentzündung. Auf Spaziergängen war sie stark erregt, selbst bei eigentlich ereignislosen Routinegängen. Ihre ansonsten geliebten abendlichen Kauartikel verschmähte sie – auch unabhängig von der Kiefergelenksentzündung.

Nach rund 1 ½ Jahren wurde ein komplettes Schilddrüsenprofil erstellt. Dabei stellte sich heraus, dass der T4-Wert nach wie vor sehr hoch war, der T3-Wert hingegen deutlich zu niedrig. Seitdem bekommt Sina sowohl T4 als auch T3. Die T4-Dosis konnte wieder auf 500 µg reduziert werden, die optimale T3-Dosis pendelte sich bei 60 µg ein.

Der Erfolg war schnell sichtbar: Kein Speicheln mehr, die Ohren wurden wieder stehend getragen, der Kot normalisierte sich. Die Erregung bei Spaziergängen hielt sich in normalen Grenzen.

Nach nunmehr rund 2 Jahren T3-Gabe, zusätzlich zum T4, ist ihr Verhalten als fast stabil zu bezeichnen. Zwar gibt es ab und zu Situationen, in denen sie auf eine unvermutete Weise reagiert, zum Beispiel urplötzlich wieder einen anderen Hund „anzickt", aber im Großen und Ganzen ist sie fast „normal".

Sinas Werte im Überblick:

	T4 in µg/dl	fT4 in ng/dl	T3 in µg/l	fT3 in ng/l	TSH in ng/ml	Bemerkung
Ref.-werte	1,5 - 4,5	0,6 - 3,7	0,7 - 1,5	2,8 - 9,8	< 0,5	
Mittelwerte	3	2,15	1,1	6,3		
19.05.01	2,82	0,70	0,51		0,05	vor T4-Substitution
01.07.05	4,7	2,00	0,65	3,00	<0,03	bei T4-Substitution, dann Beginn der T3-Substitution
23.06.07	3,6		1,09			bei T4- und T3-Substitution

Tabelle 11: Sinas Werte

ZAFIRA, DIE JÄGERIN
von Marco L.

Abbildung 39: Zafira

Zafira, eine Husky-Podenco-Hündin, stammt aus Spanien, wo sie ihre ersten sieben Monate sehr wahrscheinlich mehr oder weniger frei laufend verbrachte, bis sie von einem Bauern eingefangen und an einer Mülltonne angebunden ein Melonenfeld „bewachen" sollte. Dort wurde sie von Urlaubern entdeckt und nach Deutschland mitgebracht. Hier wurde sie von uns übernommen.

Es stellte sich schnell heraus, dass Zafira für ein Leben in Stadtrandlage einige problematische Verhaltensweisen aufwies. Sie reagierte sowohl auf Menschen, als auch auf den Verkehr mit großer Ängstlichkeit und großem Stress. Ihr Verhalten anderen Hunden gegenüber war prinzipiell ausweichend und defensiv. Nur mit wenigen Hunden nahm sie kurzfristig Kontakt auf, ging aber ansonsten jedem Kontakt aus dem Weg. Sie war ein typischer Einzelgänger, der auch kaum von der Leine gelassen werden konnte, da jede Gelegenheit zur Jagd genutzt wurde und sie dann stundenlang verschwunden war.

Das Training gestaltete sich recht schwer mit ihr, da Zafira kaum Bindung zu uns aufbaute. Die üblichen Methoden hier eine Besserung zu erzielen, zeigten keine Erfolge. Sie ließ sich gar nicht mit irgendwelchen Spielangeboten und nur mit einem gewissen Grad per Leckerchen motivieren. Daran scheiterten mehrere Trainer. Andere Versuche, ein Training über begrenzende Maßnahmen (Stichwort: Herstellen einer Rangordnung und Einschränkung des Dominanzverhaltens des Hundes) einzuleiten, funktionierten ebenfalls nicht, da sich Zafira bei jedem Konflikt in sich zurückzog, regelrecht einfror und bewegungslos wurde. Aus diesem Zustand war sie kaum herauszubekommen. Teilweise waren die Auslöser für das Einfrieren nicht klar zu erkennen. Es konnte sich um bestimmte Untergründe handeln oder die Nähe zu Zäunen. Mal war es ein Geräusch, dann wieder die Anwesenheit irgendeines – für sie – seltsamen Gegenstandes. Selbst wenn sie einem unserer Kommandos nicht Folge leisten konnte oder wollte, war ihre Reaktion das Erstarren zu einem Standbild.

Nach etwa einem Jahr erfolglosen Bemühens, einen Zugang zu diesem Hund zu bekommen und bloßem Management der Situation (Schleppleine etc.), konnten wir endlich erste kleine Erfolge durch das Clickertraining erzielen. Auch hier war der Anfang mühsam und das Training wäre von uns fast wieder abgebrochen worden, da allein schon das simple Konditionieren auf das Klickgeräusch Zafira Schwierigkeiten machte. In der Wohnung war das Geräusch zu laut und es war unmöglich, sie „entspannt" auf den Klicker zu konditionieren. Erst durch Dämpfen des Klickers und Üben im Freien, was das Geräusch zusätzlich milderte, gelang die Verknüpfung. Ab da konnten wir eine kontinuierliche Verbesserung im Training sehen. Offenbar brauchte sie das beim Clickertraining übliche Zurücknehmen des menschlichen Partners, um so ihren eigenen Weg zur Kommunikation mit ihrem Menschen zu finden.

Seit sie etwa 2 Jahre alt ist, geht es mit ihrer Ansprechbar- und Führigkeit trotz diversen Auf und Ab's stetig nach oben. Heute (mit ihren 7 Jahren) würde ich sie als fast normalen Hund bezeichnen, der zwar seine Eigenheiten hat, wie jeder andere Hund auch, und auch gelegentlich in alte Muster (einfrieren) zurückfällt. Aber dennoch ist sie im Grunde völlig alltagstauglich und kein Problemhund. Sogar ihre Jagdleidenschaft lässt sich seit einigen Jahren kontrollieren, so dass sie den größten Teil ihres Lebens im Freilauf genießen kann.

Aus medizinischer Sicht gibt es bei ihr keine Erkenntnisse, die ihre anfänglichen Verhaltensprobleme erklären könnten. Ihre Schilddrüsenwerte wurden nie untersucht und auch in anderer Hinsicht wurden keine relevanten Daten erhoben. So wurde nie ein (großes) Blutbild bei ihr gemacht, da sie so gut wie keine körperlichen Symptome (in jungen Jahren einmal kurz eine Lahmheit der Hinterhand, die aber nach 2 Tagen wieder verschwand) zeigte.

Wir haben die Probleme mit ihr eigentlich immer auf ihre mangelnde Sozialisation hinsichtlich des Stadtrandlebens sowie unsere Unerfahrenheit im Umgang mit solchen Hunde zurückgeführt.

BALU, DER BÄR
von Daniela B.

Abbildung 40: Balu

Balu wurde vermutlich Ende Februar 1999 geboren. Seine Eltern sind nicht bekannt. Balu wurde uns über die Tierhilfe vermittelt. Wir suchten eigentlich eine junge Hündin, die ausgewachsen etwa 50 cm groß sein sollte. Da sich ein solcher Hund zu dieser Zeit nicht in der Vermittlung befand, wollten wir abwarten, bekamen dann aber von der Tierhilfe einen Anruf. Es hieß, dass wir uns einen jungen Rüden (evtl. Deutsch-Kurzhaar-Mischling) wenigstens ansehen sollten. Es wäre kein Pflegeplatz für ihn frei und er müsse deshalb ins Tierheim, wenn wir ihn nicht sofort mitnehmen würden. Dieser Hund entsprach ganz und gar nicht dem, was wir gesucht hatten. Der Rüde war zu dem Zeitpunkt etwa 3,5 Monate alt, total unerzogen, nicht geimpft, nicht entwurmt, nicht stubenrein, hatte keinen Namen - aber dafür schon mindestens 4 Vorbesitzer. Er lebte damals bei einem jüngeren Mann, zusammen mit einer Horde Katzen in einer winzigen Wohnung.

Als wir ankamen begrüßte uns der Hund dermaßen heftig, dass wir danach von oben bis unten Kratzer und blaue Flecken hatten. Es war von Anfang an klar, dass ich es nicht schaffen würde, „Nein" zu sagen und den jungen Hund damit ins Tierheim zu verbannen. Also nahmen wir den Hund mit. Schon nach den ersten 5 Metern im Treppenhaus riss die Leine, die uns der junge Herr mitgab. Es war klar, dass der Hund mit dieser Leine nicht spazieren gewesen sein kann. Zum Glück hatte ich noch eine eigene Leine dabei, mit der wir es dann bis nach Hause schafften. Ab diesem Tag hieß unser neuer Vierbeiner Balu, weil er so tollpatschig ging wie ein Bär (und so gefräßig war wie Balu aus dem Dschungel-Buch).

Ich habe es mittlerweile schon öfter bereut, dass wir uns von der Tierhilfe quasi dazu überreden haben lassen, Balu aufzunehmen. Aber er ist nun mal bei uns und hat uns schon viel Zeit, Geduld, Geld, Kraft und Nerven gekostet. Was ich danach erst von der Tierhilfe oder aus Balus Verhalten erfahren habe, ist seine fürchterlich schief gelaufene Prägephase. Er war angeblich an der Kette, wurde geschlagen und wohl von

Hunden angegriffen. Dass er davon noch einige Probleme zurückbehalten hat, ist eigentlich klar. Es ist nicht einfach mit Balu, aber ich gebe nicht auf!

Mittlerweile ist Balu 68 cm groß und knapp 40 kg schwer. Die Kraft die er hat, gepaart mit seinem extrem starken Jagdtrieb, ist eine sehr ungünstige Mischung (ich denke, er könnte eine Mischung aus Pointer und Großem Schweizer/Berner Sennenhund sein). Dazu kommt dann noch seine Überängstlichkeit. Deshalb sind schon einige Möglichkeiten fehlgeschlagen, die ich mir ausgedacht hatte, um Balu sinnvoll beschäftigen zu können. Zunächst kaufte ich ihm einen Hundetrainingswagen (SACCO), den er hätte ziehen sollen. Nach über einem Jahr hatte Balu immer noch so sehr Angst vor dem Wagen, dass ich aufgab und ihn wieder verkaufte. Als nächstes versuchte ich das Fahrradfahren mit Balu und besorgte mir zu diesem Zweck einen Springer (Halterung am Fahrrad, an der der Hund sicher befestigt werden kann). Auch davor hatte Balu Angst, ließ sich aber mit viel Arbeit daran gewöhnen. Leider hat Balu dann bei der zweiten richtigen Fahrt schräg vor uns einen Hund gesehen und ist mir voll ins Rad gelaufen (der Springer ist zusammengeklappt, was natürlich nicht passieren sollte!) und ich konnte einen bösen Sturz gerade noch vermeiden.

Zudem bin ich mit Balu in die Hundeschule gegangen, seit er ein Jahr alt ist. Wir haben zuerst den Begleithundekurs samt Prüfung gemacht, dann das Leistungsabzeichen in Bronze mit Kurs (fortgeschrittene Unterordnung) und schließlich das Leistungsabzeichen in Silber und Gold. Außerdem waren wir vor einiger Zeit für zwei Wochen im Urlaub in einer Hundeschule und haben dort noch den freiwilligen Hundeführerschein gemacht (Theorie- und Praxisstunden und abschließende Tests). Dort habe ich einiges gelernt, u. a. das Schleppleinentraining, das leider aufgrund von Balus starkem Jagdtrieb erforderlich ist und das Balu, der ja sowieso sehr sensibel ist, auf eine Fahrt in den Urlaub mit Krankheit reagiert. Nach der Hinfahrt hatte er einen Magen-Darm-Virus, nach der Rückfahrt drei Wochen lang eine heftige Blasenentzündung...

Balu reagierte auch zu Hause sehr sensibel auf Stress (bekommt z.B. Durchfall, nur weil wir Besuch hatten), aber seit ich das weiß, versuche ich Balu nach einer gewissen "Dosis Stress" zur Seite zu nehmen (z.B. indem ich ihn in mein ruhiges Zimmer bringe), damit er sich wieder beruhigen kann. So klappt das ganz gut.

Auch bei Balus anderen Problemen (Jagdtrieb, Angst vor Hunden, Angst vor vielen Dingen und Menschen) haben wir schon Fortschritte erreicht - aber auch hin und wieder Rückschläge hinnehmen müssen - aber wir lernen ständig dazu und versuchen, noch weitere Schritte in die richtige Richtung zu machen!

Nach den verschiedenen Unterordnungskursen war ich mit Balu in einer Sport-Spiel-Spaß-Gruppe. Das gefiel Balu sehr gut. Es handelte sich um eine Mischung aus Spielen, Agility und etwas Unterordnung. Zu Anfang waren in dieser Gruppe um die 15 Hunde (und zwar relativ stabil immer dieselben). Balu war der Einzige, der es desöfteren geschafft hat, sich während der Stunde zu verletzen. Ich bin öfter direkt von der Hundeschule zum Tierarzt gefahren. Auf-, ab-, eingerissene Krallen und/oder Pfotenballen gehörten leider zum Alltag. Ich denke, Balu war daher so verletzungsanfällig, weil er durch den Stress am Hundeplatz immer wie ein Irrer über den Platz gefegt ist. Bei derartigen Brems- und Kurvenmanövern haben dann die Pfoten wohl nicht mitgespielt und auch für die Gelenke war das nicht gerade günstig.

Eine Zeit lang ging es also in der Sport-Spiel-Spaß-Gruppe recht gut. Dann aber wurde Balu plötzlich total unkonzentriert und drohte z. B. jedes Mal von den Agility-Geräten runterzufallen, weil er einfach nicht mehr aufmerksam bei der Sache war. Zeitgleich wurde im Hundeverein einiges verändert und zur Sport-Spiel-Spaß-Gruppe kamen von nun an ständig wechselnde Hunde (und natürlich deren Menschen). Auch zu Hause verhielt sich Balu plötzlich wieder anders. So, als ob wir in der Zeit 3 Jahre zurückgesprungen wären und er einige Sachen nie gelernt hätte. Er hatte auch plötzlich Panikattacken. Er wollte dann mitten auf einem Feldweg (den er schon oft gegangen ist) nicht mehr weitergehen und ich konnte nichts sehen, was das ausgelöst haben könnte. Oder er hatte plötzlich vor eigentlich „normalen" Sachen, auf die er vorher nicht (mehr) reagiert hatte, Panik und wollte nur noch nach Hause rennen. Einmal konnte ich ihn grad noch halten, sonst wäre er aus Panik in ein Auto gelaufen. Spazieren gehen war der reinste Horror. Allmählich war Balu, auch wenn er auf Wegen ging, die er sehr gut kannte und wo wirklich weit und breit niemand war, total aufgedreht und zu nichts zu gebrauchen.

Ich habe mich dann im Internet informiert, was mit Balu los sein könnte und bin dann auf Schilddrüsenprobleme als mögliche Auslöser gestoßen. Ich habe ein großes Blutbild machen und die Schilddrüsenwerte bestimmen lassen. Ein Tierarzt der GTVT meinte nach Anamnese und Ansicht der Werte, dass Balu eine subklinische Schilddrüsenunterfunktion hat und T4 bekommen sollte.

Also bekam Balu T4. Erste kleinere Erfolge stellten sich ein. Allerdings war nach dem nächsten Check-up der T3-Wert sehr niedrig. Es wurde mir geraten, Balu auch T3 zu geben. Gleichzeitig sind wir mit der T4-Dosis etwas runtergegangen. Die Werte liegen jetzt im mittleren Bereich des Referenzbereichs. Vom Verhalten her ist Balu mittlerweile wieder wie bevor das ganze Chaos anfing (ich nehme nicht an, dass er jemals ein ganz normaler Hund sein wird – dazu ist in seiner Welpenzeit wohl zu viel schief gelaufen). Ich konnte sogar mit ihm in den Urlaub fahren (und da ist ja alles fremd) – das wäre unmöglich gewesen, wenn Balu nicht T4 und T3 bekommen würde.

In die Hundeschule geht Balu jetzt schon länger nicht mehr, da er mittlerweile 8 Jahre alt ist und ihm die Gelenke schon ab und an Probleme machen. Aber zu Hause und beim Spazierengehen ist er jetzt wieder ganz der Alte und er arbeitet endlich wieder MIT mir anstatt ständig GEGEN mich – und dafür hat sich das alles schon gelohnt! Im Moment genießt er seine kleineren Spaziergänge und lernt als Beschäftigung einige

Dogdancing-Übungen und andere Tricks (z.B. Leckerchen auf der Nase balancieren und dann auf Kommando hochwerfen und auffangen) und wir wiederholen ab und an auch die Unterordnungsübungen.

Ich bin sehr froh, dass ich damals über das Internet Information und Hilfe bezüglich Balus Erkrankung gefunden habe. Ich weiß nicht, wie es sonst mit uns weitergegangen wäre. Manchmal war ich wirklich schon kurz davor, alles hinzuschmeißen, weil alles aussichtslos schien, aber wie man sieht, kann man viel schaffen, wenn man zur richtigen Zeit die richtige Unterstützung bekommt und wenn man gewillt ist, anstatt des kürzesten geradlinigen Weges auch den mit vielen Kurven und Hindernissen zu gehen. Wenn man diesen nicht ganz einfachen Weg allerdings bewältigt hat, dann schweißt einen das sehr zusammen. So schwierig Balu zeitweise war (und ab und an noch ist), so viel habe ich durch ihn und zusammen mit ihm gelernt – und das möchte ich nicht mehr missen. Ich hoffe, dass uns noch einige (gern etwas ruhigere) Jahre miteinander bevorstehen.

	T4 in µg/dl	fT4 in ng/dl	T3 in µg/l	fT3 in ng/l	TSH in ng/ml	Bemerkung
Ref.-werte	1,5 - 4,5	0,6 - 3,7	0,2 – 2,0	2,8 - 9,8	< 0,5	
Mittelwerte	3	2,15	0,9	6,3		
April 2004	2,0	0,8			0,35	vor T4-Substitution
Sept. 04	3,3	1,5			< 0,03	bei T4-Substitution; Dosis anschließend erhöht
Nov. 04	4,1		0,762			Bei T4-Substitution; danach Beginn der T3-Substitution
Mai 05	2,4		1,15			Bei T4- und T3-Substitution

Tabelle 12: Balus Werte

RUMPY, SENSIBLES ENERGIEBÜNDEL MIT CHARME
von Daniela J.

Abbildung 41: Rumpy

Rumpy, einen Schäferhund-Bordercollie-Mischling, lernte ich als wilden Teenager im Alter von 1,5 Jahren kennen. Vom Besitzer nur mäßig sozialisiert und erzogen, glich sein Alltag einer einzigen Sturm-und-Drang-Zeit ohne wirkliche Struktur und Konstanz.

Die ersten gezielten Erziehungsmaßnahmen fanden erst im Alter von 4 Jahren statt, nachdem der Besitzer die Verantwortung und Pflege für den Hund an mich abgetreten hatte. Zu diesem Zeitpunkt wies Rumpy schon starke Verhaltensauffälligkeiten auf. Tunnelblick, geringe Stresstoleranz, Lärmempfindlichkeit, überraschend auftretende Panikattacken, generelle Neigung zu Überreaktionen und massive Hyperaktivität waren dabei am gravierendsten. Eine Blutuntersuchung ergab grenzgängige T4-, fT4- und T3-Werte, die jedoch vom Tierarzt als nicht weiter dramatisch angesehen wurden. Erst eine Ärztin der GTVT erkannte nach eingehenden Untersuchungen und Berücksichtigung der Vorgeschichte die wahre Problematik und empfahl, mit dem Augenmerk auf eine möglicherweise beginnende Unterfunktion, zu substituieren.

Rumpys Substitution begann mit 5 µg / kg Körpergewicht und wurde wöchentlich um weitere 5 µg pro Kilo Körpergewicht erhöht. Schon nach wenigen Tagen war er wesentlich ausgeglichener, seine Tendenz zum Tunnelblick nahm deutlich ab. Auffallend war, dass schon nach nur eine Woche sämtliche Verhaltensauffälligkeiten in deutlich abgeschwächter Form auftraten. Allerdings traten sie immer wieder stärker zutage, sobald sich Rumpys Organismus auf die Thyroxindosis eingespielt hatte. Erst mit der Dosis von 1000 µg pro Tag bei 28 kg Körpergewicht (rund 36 µg / kg) wurde er stabil.

Heute, mit 7 Jahren, neigt Rumpy nach wie vor zu geringer Stresstoleranz, Hyperaktivität und einer starken Tendenz zu Überreaktionen. Die meisten anderen Symptome sind jedoch fast völlig verschwunden. Physische Symptome einer Schilddrüsenunterfunktion hat Rumpy in all der Zeit nie gehabt.

	T4 in µg/dl	fT4 in ng/dl	T3 in µg/l	fT3 in ng/l	TSH in ng/ml	Bemerkung
Ref.-werte	1,5 - 4,5	0,6 - 3,7	0,2 – 2,0	2,8-9,8	< 0,5	
Mittelwerte	3	2,15	0,9	6,3		
Juli 05	1,6	0,7	0,66		0,12	daraufhin Beginn der T4-Substitution bis jetzt
Aug 05	1,9	0,8	0,5	3,4	0,07	
Sept. 05	2,6	1,0	0,877	3,7		
Mai 06	2,5	1,2	0,831	3,8		
Mai 07	4,0	1,7	0,734	3,1		

Tabelle 13: Rumpys Werte

PAUL, CHARAKTERKOPF MIT HANG ZUR MELANCHOLIE

von Daniela J.

Abbildung 42: Paul

Paul ist ein ehemaliger Straßenhund undefinierbarer Rassenmischung aus der Türkei. Dort schwer misshandelt, kam er im Alter von ca. 1,5 Jahren nach Deutschland zu einer Pflegestelle, bis er gut ein halbes Jahr später in sein jetziges Zuhause vermittelt wurde. Paul wies neben körperlichen Behinderungen als Folge der Misshandlungen auch ein massives Übergewicht auf, das sich trotz entsprechender Diätmaßnahmen nur langsam reduzierte.

Im Alter von knapp 5 Jahren verfiel Paul mehr und mehr in Lethargie und zog sich in eine Art „Schneckenhaus" zurück. Ihn zu jeglicher Art von Aktivität zu motivieren, war nahezu unmöglich. Eine eingehende Untersuchung durch den Tierarzt ergab grenzgängige fT4- und T4-Werte, woraufhin mit der Minimaldosis Thyroxin (5 µg / kg Körpergewicht) zu substituieren begonnen wurde. Pauls Verhalten stabilisierte sich schnell und auch sein genereller Aktivitätslevel stieg wieder an.

Heute wird Paul mit 2 x 200 µg Thyroxin / Tag substituiert (27 µg / kg Körpergewicht) und ist seitdem sowohl bezüglich seiner Lethargie wie auch weiterer Gewichtsproblematik unauffällig.

	T4 in µg/dl	fT4 in ng/dl	T3 in µg/l	fT3 in ng/l	TSH in ng/ml	Bemerkung
Ref.-werte	1,5 - 4,5	0,6 - 3,7	0,2 – 2,0	2,8-9,8	< 0,5	
Mittelwerte	3	2,15	0,9	6,3		
April 05	2,5	1,1				daraufhin Beginn der T4-Substitution bis jetzt
April 06	3,7	1,7	0,799			
April 07		1,2		3,0		mgl. Grund: Kreuzbandriss

Tabelle 14: Pauls Werte

JACK, DIE „ÄNGSTLICHE"
von Conny H.

Abbildung 43: Jack

Jack, weiblich (Mix aus Altdeutscher Hütehund und Border Collie) zog im August 2002 bei uns ein, im zarten Alter von 8 Wochen. Sie ging von Anfang an in die Hundeschule und absolvierte Welpenstunden und Junghundekurs. Sie war immer zum Kaspern aufgelegt und hatte selten Langeweile, wie junge Hütehunde so sind. Ihre Entwicklung war eher unauffällig. Die erste Läufigkeit setzte mit 9 Monaten ein, danach pendelte sie sich auf einen 6-Monats-Zyklus ein. Wie bei vielen Hündinnen war auch Jack nach der ersten Läufigkeit im Verhalten ein wenig gedämpfter, irgendwie erwachsener.

Man sah ganz deutlich, dass sie im Verlauf des Zyklus' Phasen hatte, in denen offenbar eine Mücke reichte, um sie aus der Fassung zu bringen; aber das ging immer wieder vorbei. Ihre Launen gegenüber anderen Hunden wurden unberechenbarer: mal zuckersüß, mal Furie. In dieser Phase (Anfang 2004) zog unser Rüde aus dem Tierschutz bei uns ein. Nach Rücksprache mit unserem Tierarzt entschlossen wir uns, die anstehende Läufigkeit medikamentös zu unterdrücken und ließen sie 3 Monate später kastrieren. Wir hofften damit, die Up's and Down's der Hormone zu umgehen und wieder einen emotional stabilen Hund zu erhalten.

Das ging leider nach hinten los, die latente Unberechenbarkeit verlagerte sich auf eine permanente Unberechenbarkeit. Es konnte passieren, dass sie sich ohne Anlass auf einen vorbeigehenden Hund stürzte, einen Auslöser brauchte sie nicht. Gleichzeitig veränderte sich ihr Verhalten zuhause ganz offensichtlich. Sie zog sich zunehmend zurück. Sie begab sich, sobald sie im Haus war, ins Obergeschoss und zeigte kein Interesse an irgendetwas. Sie machte einen eher depressiven Eindruck auf uns und lehnte jegliches Angebot zum Spaziergang mit Familienmitgliedern ab. Sie wand sich auch auf offener Straße aus dem Geschirr, wenn Sie z. B. mit meinem Sohn Gassi sollte, und lief zurück nach Hause.

Wir führten diese Verhaltensänderungen auf den Einzug unseres Zweithundes zurück und zweifelten an unserer Entscheidung, den Rüden aufgenommen zu haben. Diese

Veränderungen gingen schleichend über einen Zeitraum von einigen Monaten vor. Im August 2004 passierte etwas, das mich tief erschütterte, der Höhepunkt stand uns jedoch noch bevor: Ich ging mit Jack in einen Blumenladen, sie kannte diesen Laden von klein auf und hatte ihn schon unzählige Male besucht. Völlig unvermittelt und ohne erkennbaren Auslöser stand Jack im Geschäft und hatte eine Panikattacke. Der Hund zitterte am gesamten Körper, der Schwanz war unter dem Bauch und die Schwanzspitze am Kinn. Sie zog mit all ihrer Kraft zum Ausgang, nicht mehr fähig, ihre Umwelt nur im Ansatz wahrzunehmen. Nachdem Sie wieder im Auto saß war alles anscheinend wieder ok.

Diese Panikattacken wiederholten sich am Wochenende darauf. Ich hatte ein Clickerseminar gebucht und war mit Jack voller Tatendrang aufgebrochen. Die Panikattacken wiederholten sich, an arbeiten war nicht zu denken. Die sonst so heiß geliebte Clickerarbeit war nicht machbar. Das Einzige, was Jack wollte, war flüchten, egal um welchen Preis. Die Trainer und Teilnehmer waren voll des Mitgefühls, jeder sah wie es der Hundemaus ging. Sie war ein Bild des Elends!

Da wir aufgrund unserer bisherigen Arbeit einen grundsätzlichen Fehler bei der Sozialisation und Habituation ausschließen konnten, war der Fokus klar auf eine organische Ursache für das Verhalten gerichtet. Es wurden wilde Theorien über Borreliose und deren Auswirkungen aufgestellt und die Empfehlung ausgesprochen, einen Test auf verschiedene Borreliose-Erreger zu machen. Der Test auf Borreliose war negativ.

Wir, Hund wie Mensch, litten zunehmend unter der Situation. Wir trauten uns kaum noch unter andere Hunde. Menschen gegenüber war sie nur zurück haltend, hat aber nie einen Menschen „angezickt". In der Hundeschule, die wir nach wie vor besuchten, standen uns die Trainer in dieser Phase mit Rat und Tat zur Seite und hier wurde mir die Empfehlung gegeben, die Schilddrüsenwerte zu untersuchen. Also zogen wir los und ließen die Schilddrüsenwerte im Blut untersuchen. Schon bei unserem Besuch in der Tierarztpraxis war klar, dass die Tierärztin von meiner Theorie der Schilddrüse nichts hielt. Als die Ergebnisse der Untersuchung vorlagen, wurde ich mit der Aussage: „Die Werte liegen noch im Toleranzbereich, ich habe ihnen gleich gesagt die Schilddrüse ist ok." entlassen.

In der Hundeschule haben wir natürlich darüber gesprochen und wurden ermutigt mit dem Blutbild nochmals zu einer entsprechend spezialisierten verhaltenstherapeutisch geschulten Tierärztin zu gehen. Hier wurde kurzfristig ein Termin vereinbart. Zwischenzeitlich waren auch äußerliche Auswirkungen am Hund zu erkennen. Jacks Augen waren irgendwie ohne Glanz und wirkten teilnahmslos oder gehetzt. Jacks Fell war stumpf und die Struktur des Fells hatte sich völlig verändert. Die Haare waren kraus und standen vom Körper ab, sie sah ein bisschen aus wie explodiert. Das

Gewicht veränderte sich auch. Jack hatte innerhalb von 9 Monaten 1,5 kg zugenommen.

Also zogen wir, Jack und ich, los zu unserem Tierarzttermin. Ich schilderte möglichst detailliert, was wir in Sachen Erziehung (Hundeschule) unternommen hatten, welche Verhaltensänderungen uns aufgefallen waren – all diese Dinge, die ich hier schon versucht habe, aufs Papier zu bringen. Nach einem langen Gespräch war klar, dass die Schilddrüsenwerte im unteren Toleranzbereich nicht ok waren für einen Hütehund wie Jack und ich bekam die Empfehlung Jack auf Thyroxin einzustellen. Die Substitution mit Thyroxin brachte ziemlich schnell eine Besserung im Verhalten. Bis dieses sich gefestigt hatte und wir die ideale Dosis gefunden hatten, vergingen nochmals einige Monate, aber es hat sich gelohnt!

Heute, 3 Jahre später, kann ich sagen, es war die richtige Entscheidung. Jack erhält heute eine Tagesdosis von 700 µg/Tag, aufgeteilt auf 2 Tagesdosen. Sie hat ihre Lebensfreude zurück. Fremde Hunde sind ihr egal und bekannte Hunde sind kein Problem mehr. Jack kann ihr Hundeleben wieder ohne Einschränkungen genießen und die alltäglichen Stresssituationen locker meistern. Das Fell hat lange gebraucht, bis es wieder „normal" war, aber auch hier hat sich fast der Normalzustand wieder hergestellt. Das Gewicht ist heute stabil.

	T4 in µg/dl	fT4 in ng/dl	T3 in µg/l	fT3 in ng/l	TSH in ng/ml	Bemerkung
Ref.-werte	1,5 - 4,5	0,6 - 3,7	0,7 – 1,5	2,8-9,8	< 0,5	
Mittel-werte	3	2,15	1,1	6,3		
Sept. 04	1,2	0,7			0,06	Vor T4-Substitution
Jan. 05	2,1	1,0			0,06	Bei T4-Substitution
März 06	3,2	1,4			0,03	Bei T4-Substitution

Tabelle 15: Jacks Werte

CHAKA, DER TYPISCHE SCHILDDRÜSENHUND
von Conny H.

Abbildung 44: Chaka

Chaka lernten wir Anfang 2004 im Alter von 11 Monaten über eine Internet-Seite zur Vermittlung von „Hütehunden in Not" kennen. Er befand sich zu diesem Zeitpunkt seit ca. 4 Wochen in einem Tierheim, wo er von den Vorbesitzern „umständehalber" abgegeben worden war. Wir lernten einen sehr nervösen, zurückhaltenden jungen Border Collie Rüden kennen, der scheinbar nicht in der Lage war, sich auch nur für 2 Sekunden zu entspannen. Dafür hatten wir Verständnis, schließlich ist für die meisten Hunde ein Tierheimaufenthalt mit erheblichem Stress verbunden. Was wir im Gespräch mit dem Tierheimpersonal über das bisherige Schicksal des Hundes erfahren hatten, machte uns dann doch sehr betroffen. Dieser Hund hatte bisher noch nicht viel Positives erfahren dürfen.

Der Schnupperspaziergang war eher ein Schnuppertauziehen, was wir aber auch mit der für ihn ungewohnten Situation in Verbindung brachten. Er machte auf uns einen stark verängstigten Eindruck und schien permanent auf der Flucht zu sein. Beim anschließenden Gespräch in den Räumen des Tierheims gab dann ein unerwartetes Ereignis den Ausschlag: Nachdem Chaka uns anfangs weitestgehend ignoriert hatte, kam er aus eigenem Antrieb zu uns, um uns Gesicht und Hände abzulecken – damit war unsererseits die Entscheidung gefallen.

Die ersten Wochen waren von extremem Stress auf beiden Seiten geprägt. Chaka war permanent hechelnd in der gesamten Wohnung unterwegs und setzte im ganzen Haus Urinmarken, unabhängig davon, ob man gerade daneben stand. Jedes noch so kleine Geräusch ließ ihn hektisch auffahren, wenn er es dann (selten genug) einmal schaffte, zur Ruhe zu kommen. Er schien heillos überfordert mit sämtlichen Umweltfaktoren, wie lauten Autos, lärmenden Kindern usw.

Er fixierte und jagte alles, was schneller als ein Fußgänger war – und dies mit einer Blitzartigkeit und Wucht, die uns zu Anfang völlig überraschte. Überraschend vor allem deshalb, weil für uns Anfangs der Anlass nicht erkennbar war - der Auslöser befand sich teilweise bis zu 100 Meter entfernt. In diesen Phasen geriet Chaka in einen derartigen Erregungszustand, dass er nicht mehr ansprechbar und wild springend am Ende der Leine herum „kreiselte". Nachdem wir erkannten, dass schnelle Bewegungen und vor allem Radfahrer Chakas „Ausnahmezustände" auslösten, versuchten wir mit Halti und Leckerchen dagegen zu arbeiten. Die Erfolge waren Anfangs nur sehr mäßig: die Leckerchen - auch wenn sie noch so gut waren - ließ er links liegen, da der sein Verhalten auslösende Reiz um Größenordnungen stärker war. Da wir bereits einen Border Collie-Mix mit Schilddrüsenproblemen hatten und daher um den Umstand wussten, dass es Verhaltensprobleme in Verbindung mit der Schilddrüse gibt, entschlossen wir uns, ein Schilddrüsenprofil machen zu lassen.

Die Ergebnisse dieser Untersuchung legten den Verdacht nah, dass eine Schilddrüsenunterfunktion bei Chaka eine Rolle spielen könnte. Wir begannen also, ihn in Schritten zu jeweils 25 µg auf Euthyrox einzustellen. Es zeigten sich während des langsamen Einschleichens der Medikation Verhaltensveränderungen, die in die richtige Richtung gingen. Wir erhofften uns Chancen, die Ansprechbarkeit zu verbessern, um mit gezieltem Training an den Verhaltensproblemen arbeiten zu können. Auch gab es vermehrt Phasen, in denen Chaka wirklich zur Ruhe kam und sichtlich entspannte. Nach Erreichen einer Tagesdosis von ca. 450 µg bei 23,5 kg Körpergewicht (rd. 20 µg / kg), aufgeteilt auf zwei Gaben, wurde sein Verhalten wieder schlechter bzw. die erhofften Lernerfolge stagnierten. Daher senkten wir die Dosierung auf 400 µg ab und behielten diese in den darauffolgenden Monaten bei, in der Hoffnung dass sich eine gewisse Stabilisierung einstellt.

Während der gesamten Zeit besuchten wir mit unseren Hunden eine Hundeschule. Man brachte uns dort – insbesondere im Hinblick auf die mehr als sub-optimale Vorgeschichte von Chaka - sehr viel Verständnis entgegen. Chaka war jederzeit gut dafür, die gesamte Übungs-Stunde zu „sprengen" wenn einer seiner „Lieblingsreize" wie z.B. Radfahrer, Jogger oder auch landwirtschaftliche Nutzfahrzeuge (umgangssprachlich: „Trecker") den Platz passierten. Seine Konzentrationsfähigkeit befand sich anfangs auf „Welpen-Niveau", d.h. nach ca. 15 Minuten war ein weiteres Arbeiten an einfachsten Aufgabenstellungen nicht mehr möglich. Im Laufe eines halben Jahres steigerte sich dies aber so weit, dass auch komplette Trainingseinheiten absolviert werden konnten, wobei dies immer von der Art und der Menge der „Störfaktoren" abhängig war.

Nachdem wir 18 Monate lang mit Nachsicht, Verständnis und konsequentem Training an Chakas Problemen gearbeitet hatten, waren wir unserem Ziel nur unwesentlich näher gekommen. Er reagierte nach wie vor nahezu panisch auf ihm unbekannte Umweltreize, Lernfortschritte waren durch den permanenten Erregungszustand nicht in dem Maß erreichbar, wie man es hätte erwarten können. Mitte 2005 erfolgte dann der Umzug in eine ruhigere Umgebung, was kurzfristig eine deutliche Verbesserung in Chakas Verhalten mit sich brachte.

Dieser Erfolg war jedoch nur von kurzer Dauer – innerhalb von 3 Monaten fiel er wieder in die gewohnten Verhaltensmuster zurück. Mir unserem „Latein" am Ende haben wir uns an einen verhaltenstherapeutisch geschulten Tierarzt (Mitglied im GTVT) gewandt. Wir schilderten ihm alles, was wir über die Welpen- und Junghundezeit von Chaka aus dem Tierheim wussten und zeigten dem Verhaltenstherapeuten, mit welchen Trainingsansätzen wir bisher versucht hatten, eine Besserung von Chakas Verhalten zu erreichen.

Im Anschluss an ein Gespräch und eine „Demonstration" von Chakas Reaktionen in Alltags-Situationen, bat uns der Verhaltentherapeut darum, ein aktuelles Schilddrüsenprofil erstellen zu lassen. Aus seiner Sicht sprach einiges dafür, dass es sich bei der Ursache von Chakas Problemverhalten um eine Kombination aus verschiedenen Faktoren wie Stress und mangelnde Sozialisation handeln könnte. Dieser Verdacht bestätigte sich insoweit, als dass neben den sich im unteren Toleranzbereich bewegenden Schilddrüsenwerten noch ein auffällig hoher Cholesterinwert festgestellt wurde. Die scheinbare Schilddrüsenunterfunktion bei Chaka war nach Ansicht des Verhaltenstherapeuten nur eine Begleiterscheinung des Dauerstresses unter dem Chaka seit Jahren litt. Das eigentliche Problem war seine Welpen- und Junghundezeit. Er hat vermutlich in dieser Phase so wenige oder schlechte Erfahrungen gesammelt, dass er unter einem Deprivationssyndrom leidet. Dies hat in Kombination zur Folge, dass sich nachhaltige Lernerfolge kaum erreichen ließen.

Der Verhaltenstherapeut empfahl uns daher, mit einer Kombination aus Psychopharmaka und Beta-Blockern das Problem der extremen Erregbarkeit anzugehen, um auf diesem Wege dann überhaupt „an den Hund herankommen" zu können und mit gezieltem Training das Problemverhalten korrigieren zu können. Da der Verhaltenstherapeut uns aber auch gleichzeitig darauf hinwies, dass es in Einzelfällen bei dieser Behandlung zu sogenannten „paradoxen Reaktionen" kommen kann, die das Gegenteil des gewünschten Effekts nach sich ziehen, haben wir uns erst nach reiflicher Überlegung dazu entschlossen, uns dieser Therapie anzuvertrauen.

Chaka bekam nun parallel zu 400 µg Levothyroxin-Natrium/Tag anfangs 2 mg Alprazolam (ein Anxiolytikum, „Angstlöser") in Kombination mit einem Beta-Blocker. Nach einer „harten" ersten Woche in der wir zuerst das Eintreten der „paradoxen Reaktion" befürchteten, kam es zu einem regelrechten Durchbruch. Chaka wurde wesentlich leichter ansprechbar und die Distanz, in der er z.B. auf Radfahrer reagierte wurde zunehmend kleiner. Dadurch war ein „Schönfüttern" der Reize möglich, die ihn vorher in einen kaum zu kontrollierenden Erregungszustand versetzen. Die Alprazolam-Dosis wurde auf insgesamt 4 mg erhöht und über einen Zeitraum von ca. 4 Monaten beibehalten. Dann begannen wir auf Rat des Verhaltenstherapeuten, in Schritten von 0,25 mg / Woche das Alprazolam auszuschleichen und setzten den Beta-Blocker ab. Die bis dato erreichten Lernerfolge stabilisierten sich und konnten sogar noch ausgebaut werden.

Auch das Levothyroxin-Natrium wurde ausgeschlichen und das während der vorangegangenen Phase etablierte Alternativverhalten blieb stabil. Während des Ausschleichens der Schilddrüsenmedikation gab es gute und schlechte Tage, was aber sicher auch mit der sich einstellenden Regulation der Schilddrüsenfunktion in Zusammenhang zu bringen ist.

Natürlich hat die Therapie mit dem Psychopharmakon das Problem nicht zu 100% gelöst – es gibt halt keine „Verhaltenskorrektur-Pille". Chaka würde ohne kontrollierendes Eingreifen nach wie vor nach „eigenem Ermessen" einen Radfahrer oder Trecker attackieren – dazu hat sich dieses Verhalten über einen zu langen Zeitraum hinweg gefestigt. Aber er ist heute wesentlich steuerbarer. Er wird wahrscheinlich nie ein unproblematischer Freilauf-Hund, jedoch soll man die Hoffnung nie aufgeben und an der Trainingsdisziplin mangelt es nicht. Wir können heute einfach entspannter mit ihm umgehen. Er ist noch immer leicht zu erschüttern und seine Konzentrationsfähigkeit ist noch immer nicht altersgerecht, aber er ist einfach ein wundervoller, charmanter Hund und er wird alle Unterstützung von uns bekommen, die er braucht.

Bei Chaka kann eine Schilddrüsenunterfunktion noch nicht endgültig ausgeschlossen werden. Es ist aber anzunehmen, dass ein Großteil seiner Verhaltensauffälligkeiten nicht durch eine Erkrankung der Schilddrüse bedingt ist.

	T4 in µg/dl	fT4 in ng/dl	T3 in µg/l	fT3 in ng/l	TSH in ng/ml	Bemerkung
Ref.-werte	1,5 - 4,5	0,6 - 3,7	0,7 – 1,5	2,8-9,8	< 0,5	
Mittelwerte	3	2,15	1,1	6,3		
Sept 04	1,2	1,7			0,06	vor T4-Substitution
Dez 06	4,5	2,00	0,742			bei T4-Substitution, erhöhte Cholesterinwerte
Okt. 07	2,8	1,1	0,799			ohne T4-Substitution / Cholesterin leicht erhöht / Nachkontrolle in 6 Monaten

Tabelle 16: Chakas Werte

8. ANHANG

Begriffserklärungen

Adenohypophyse: (Hypophysenvorderlappen) hormonproduzierender Anteil der Hypophyse
Adrenalin: Stresshormon aus der Gruppe der Catecholamine mit stoffwechselaktivierender Wirkung, Neurotransmitter
AIHA: (Autoimmune hämolytische Anämie) Blutarmut aufgrund einer körpereigenen Abwehrreaktion auf die roten Blutkörperchen
Aldosteron: Nebennierenhormon; wirkt vor allem auf die Nieren und reguliert dort den Elektrolyt- und Wasserhaushalt im Körper.
Alopezie: Haarausfall, der zur Haarlichtung oder zum vollständigen Kahlwerden bestimmter Stellen führt.
Aminosäure: organische Verbindungen, aus denen u. a. Proteine (Bausteine des Lebens) bestehen
Amygdala: dt.: Mandelkern, Teil des limbischen Systems mit großer Bedeutung für Emotionen, vor allem Angst, sowie für emotionales Lernen und das Sozialverhalten
Anöstrus: s. Sexualzyklus
Antigene: Fremdkörper, die eine Immunreaktion auslösen
Antikörper: Proteinhaltige Moleküle (Immunglobuline), die spezifisch an Antigene binden, um sie im Verlauf einer Immunreaktion abzuwehren
Antioxidationsmittel: Substanzen, die die bei den Stoffwechselvorgängen freiwerdenden, sehr reaktiven Sauerstoffradikale abfangen und unschädlich machen.
Autoantikörper: Antikörper, die sich gegen Gewebe des eigenen Körpers richten,
Autoimmunreaktion: Immunreaktion des Körpers auf körpereigene Substanzen,
Basalstoffwechsel: Stoffwechsel unter Ruhebedingungen
Blutplasma: flüssiger, zellfreier Teil des Blutes, ca. 55% des Blutvolumens, enthält u.a. gelöste Gase, Nährstoffe, Hormone
Blutzellen: Erythrozyten, Leukozyten, Thrombozyten
Bradykardie: erniedrigte Herzfrequenz
Calcium: chemisches Element und lebenswichtiges Mineral,
Catecholamine: Gruppe chemischer Moleküle (Verbindungen), von denen viele anregende Wirkung haben und von pharmakologischem Interesse sind. Bsp: Adrenalin, Noradrenalin, Dopamin.
Cholesterin: Chemische Verbindung aus der Gruppe der Steroide (genauer Sterine = Sterole), die bei Wirbeltieren zahlreiche Funktionen hat. So dient es dem Organismus

zur Aufbau der Zellmembanen sowie als Ausgangsmaterial für zahlreiche weitere Steroide, wie zum Beispiel der Steroidhormone und der Gallensäure. Die Schilddrüsenhormone steigern die Umsetzung von Cholesterin in Gallensäure.
Cortisol: Hormon aus der Gruppe der Steroidhormon, wird in der Nebennierenrinde gebildet und ist v.a. wichtig für den Kohlenhydrathaushalt, aber auch zur Regulierung von Stressreaktionen
Cushing-Syndrom: Krankheitsbild durch langfristig überhöhten Cortisolspiegel im Blut
Dejodase: Enzym, das bewirkt, dass Jod aus einer Verbindung entfernt wird
Diöstrus: s. Sexualzyklus
DIT: 3,5-Dijodtyrosin, Vorstufe oder Abbauprodukt der Schilddrüsenhormone T3 und T4 mit zwei Jodatomen
Dopamin: "Glückshormon", als Neurotransmitter an zahlreichen Steuerungsprozessen im Gehirn beteiligt
ektopisches Gewebe: Schilddrüsengewebe außerhalb der Schilddrüse, häufig bei Hunden und Katzen.
Eiweiß: Protein; Makromoleküle bestehend aus verschiedenen Aminosäuren; einer der Grundbausteine von Zellen; wird mit der Nahrung aufgenommen und dient dem Körper zum Auf- und Umbau von Körpermasse sowie als Basis von zahlreichen Verbindungen, wie z.B. Hormone
Endokrine Hormone: Hormone, die in speziellen Drüsen gebildet und über das Blut ans Zielorgan gelangen
enterohepatischer Kreislauf: geregelter Stoffaustausch zwischen Darm und Leber
Enzym: biologischer Katalysator
Eosinophile Granulozyten: Zellen, die zu den Leukozyten gehören und an der zellulären Immunabwehr beteiligt sind
Erythrozyten: rote Blutkörperchen, die dem Sauerstoff- und Kohlendioxidtransport dienen, enthalten hierzu Hämoglobin
Follikel: Bläschen, Schlauch; hier: Schilddrüsenfollikel: kugelartige Zellstrukturen, in denen die Schilddrüsenhormone gebildet werden.
Gamma-GT = Gamma-Glutamyl-Transferase: membrangebundenes Enzym, empfindlichster Parameter zur Bestimmung des Leberstatuts
Gauß´sche Normalverteilung: Symmetrische Häufigkeitsverteilung einer Merkmalsausprägungen um einen Mittelwert; typische Verteilung für natürliche Phänomene; ergibt in der graphischen Darstellung eine Glockenkurve
Genexpression: Entfaltung der genetischen Information in der Entwicklung des Organismus; genauer: direkt durch die genetische Information gesteuerte Proteinsynthese.
genexpressive Wirkung: Förderung der Genexpression (Proteinsynthese)
Gewicht, relatives: Gewicht eines Körperorgans bezogen auf das Gesamtgewicht des Körpers. Im Gegensatz dazu ist das **absolute Gewicht** eines Organs das tatsächlich messbare Gewicht.
glandotrope Hormone: Hormone, die die Bildung weiterer Hormone bewirken

Glucose: (Traubenzucker) Monosaccharid, Kohlenhydrat, Endprodukt der Photosynthese der Pflanzen, wichtiger Nahrungsbestandteil
Habitat: charakteristischer Wohn- oder Standort, den eine Art besiedelt
Halbwertszeit (biologische): bezogen auf Hormone: Zeitdauer, nach der 50 % der Menge eines Hormons aus dem Transportsystem (z. B. Blut) eliminiert sind; T4 hat eine Halbwertszeit ca. 10 - 12 Stunden (bis zu 16 Stunden), T3 hat eine Halbwertszeit von ca. 6 - 8 Stunden.
Hämoglobin: roter Blutfarbstoff, dient dem Sauerstofftransport
Hippocampus: Bestandteil des Limbischen Systems im Gehirn
Hormon: biologischer Botenstoff, der Informationen innerhalb des Körpers und/oder Gehirns (z. B. als Neurotransmitter) übermittelt
Hyperplasie: Gewebewucherung aufgrund von Zellteilung
Hyperthyreose: Schilddrüsenüberfunktion: Überschuss an Schilddrüsenhormonen
Hypophyse: ((Hirnanhangsdrüse) Gehirnbereich, bestehend aus Neurohypophyse und Adenohypophyse. Bei Wirbeltieren „Schnittstelle" zwischen Nervensystem und endokrinem System
Hypotension: niedriger Blutdruck
Hypothalamus: Teil des Zwischenhirns, welches zahlreiche wichtige Lebensvorgänge, wie Nahrungsaufnahmen, Thermoregulation, Schlaf-Wachrhythmus etc. sowohl über neuronale Verbindungen mit anderen Hirnzentren als auch über Hormone koordiniert.
Hypothyreose Schilddrüsenunterfunktion: Mangel an Schilddrüsenhormonen
Immunozyten: Zellen der Immunabwehr; Lymphozyten und Plasmazellen
Insulin: den Blutzuckerspiegel senkendes Hormon
interstitielle Flüssigkeit: Flüssigkeit, die sich im Interstitium befindet, also zwischen den Organzellen.
Kaskadeneffekt: Potenzierung der Hormonwirkung über verschiedene Stufen: eine sehr geringe Hormonmenge erzielt über mehrere verstärkende Zwischenstationen eine überproportional große Wirkungen. So bewirkt eine kleine Menge TRH über den "Verstärker" TSH eine deutlich größere Menge T4.
Kinetik (der Hormone): zeitlicher Ablauf und Umsatzrate der durch Hormone gesteuerten chemischen Reaktionen, abhängig unter anderem von der Temperatur, der Konzentration und sonstigen Umgebungsfaktoren.
klinisch: eindeutig erkennbare Krankheitssysmptome; vgl. subklinisch: nicht eindeutige, kaum erkennbare Krankheitssymptome
Kohlenhydrat: (Zucker) physiologischer kurzfristig verfügbarer Energieträger im Körper, Naturstoff, Nahrungsbestandteil
kongenital: angeboren
Korium: Lederhaut; bindegewebiger Anteil der Haut zwischen Ober- und Unterhaut
Kretinismus: gestörte Entwicklung von Skelett und zentralem Nervensystem aufgrund von Schilddrüsenhormonmangel / Schilddrüsenunterfunktion, dadurch Zwergenwuchs, Schwachsinn etc.
Leukozyten: weiße Blutkörperchen, wichtige Funktion bei der Immunreaktion

Limbisches System: Funktionseinheit im Gehirn; u.a. zuständig für Emotionen und Instinktverhalten
MCH: Laborwert, der Auskunft über Hämoglobin gibt
Mediastinum: der mittlere Raum in der Bauchhöhle, Raum zwischen Lungen, in dem sich auch das Herz und die Speiseröhre befinden.
Metabolismus: Stoffwechsel
Metöstrus: s. Sexualzyklus
MIT: Monojodtyrosin, Vorstufe oder Abbauprodukt der Schilddrüsenhormone T3 und T4 mit einem Jodatom
Mitochondrien: Kraftwerke der Zellen; enthalten die Enzyme, die den Fettabbau und den Zitronensäurezyklus steuern, und dienen somit der Zellatmung und dem Abbau / Umbau energieliefernder Substanzen.
Morbus Basedow: autoimmunbedingte Schilddrüsenüberfunktion beim Menschen
Morbus Cushing: Erkrankung durch Überproduktion von Nebennierenrindenhormonen (Cortisol)
mukoid-ödematös: schleimig, wässrig
Myxödem: Einlagerungen von schleimigen Substanzen im Körpergewebe, zum Beispiel aufgrund von Schilddrüsenunterfunktion.
Nahrungsbestandteile: die wichtigsten sind Lipide (Fette), Proteine (Eiweiß) und Kohlenhydrate (Zucker). Mit der Nahrung werden weitere Stoffe aufgenommen, wie z. B. Spurenelemente, Vitamine, Ballaststoffe, Antikörper (mit der Muttermilch), aber auch Schadstoffe.
Neotenie: Verkürzung der Individualentwicklung (Ontogenese) durch Erlangung der Geschlechtsreife auf larvalen oder jugendlichen Entwicklungsstadien.
Nervensystem: Gesamtheit aller Nervenzellen in einem Organismus, auf deren Funktionsgrundlage ein Lebewesen reagieren und sich an seine Umwelt anpassen kann; gliedert sich in Zentrales und Peripheres Nervensystem; wesentliche Bestandteile des peripheren Nervensystems sind: sensorische Nerven, motorische Nerven und vegetatives Nervensystem; das vegetative Nervensystem wird auch autonomes Nervensystem genannt und reguliert autonom – also ohne willkürliche Beeinflussbarkeit – die inneren Organe
neuroendokrine Hormone : Hormone, deren Bildung von Nerven angeregt wird und die ins Blut abgegeben werden
Neuroimmunologie: beschreibt die Wechselwirkung zwischen Nervensystem und Immunsystem.
neurosekretorische Zellen: Zellen, die von Nerven angesteuert werden und Hormone ausscheiden
Neurotransmitter: Substanzen, die der Signalübertragung zwischen den Nervenzellen dienen
Noradrenalin: Stresshormon aus der Gruppe der Catecholamine mit stoffwechselaktivierender und schmerzhemmender Wirkung; Neurotransmitter

Östrogen: Gruppe von Steroidhormonen, Oberbegriff für die wichtigsten weiblichen Geschlechtshormone. Sie üben zahlreiche regulierende Funktionen im weiblichen Körper aus, wie z.B. die Steuerung des Fruchtbarkeitszyklus.
Östrus: s. Sexualzyklus
parenterale Ernährung: Ernährung unter Umgehung des Magen-Darm-Trakts, z. B. intravenös
Peptidhormon: auf der Basis von Eiweiß (Peptiden) gebildetes Hormon
Placebo: Scheinmedikament, das dennoch eine positive Wirkung auf den Heilungsverlauf hat
Polydipsie: krankhaft gesteigertes Durstgefühl mit übermäßiger Flüssigkeitszufuhr, z. B. bei Diabetes insipidus oder Diabetes mellitus als Folge einer krankhaft erhöhten Flüssigkeitsausscheidung (Polyurie).
Primärharn: erste Stufe der Harnbildung, stark wässrige, ionen- und glucosehaltige Vorstufe des Sekundär- oder Endharns.
Prolaktin: Hormon der Adenohypophyse, regt das Wachstum der Milchdrüsen an und fördert die Milchproduktion
Proöstrus: s. Sexualzyklus
Pyodermie: bakterielle, eitrige Infektion der Haut
rT3: Reverses Trijodthyronin, biologisch inaktives Schilddrüsenhormon, d.h. ohne hormonelle Wirkung, mit drei Jodatomen
Seborrhoe: Hauterkrankungen mit anomalen Verhornungsprozessen
Sekretionsrate (von Hormonen): Ausscheidungsmenge, -intervall, -rhythmus der Hormone durch die produzierenden Drüsen.
Serotonin: Hormon und Neurotransmitter
Serumkonzentration: Konzentration von Substanzen im Blutserum, zum Beispiel im Gegensatz zur Konzentration im Blutplasma oder in einem Körpergewebe
Sexualzyklus: Proöstrus (Läufigkeit, 7 - 13 Tage), Östrus (Deckbereitschaft, 3 - 8 Tage), Metöstrus (Abklingen der Läufigkeit, 9 – 12 Wochen), Diöstrus/Anöstrus („Zwischenläufigkeit", 2 - 4 Monate)
Sonografie: Ultraschalluntersuchung
Steroidhormone: Hormone auf Basis von Cholesterin, zum Beispiel die Sexualhormone
STH: = GH: Somatotropes Hormon, Wachstumshormon, Growth Hormon
Strumige Substanzen: Substanzen, die die Hormonbildung in der Schilddrüse verhindern und zur Bildung eines Kropfs (Struma) führen können.
subklinisch: geringe bzw. keine klinischen Krankheitssymptome; vergleiche: klinisch
T3: 3,5,3´-Trijodthyronin, Schilddrüsenhormon mit drei Jodatomen
T4: 3,5,3´,5´-Tetrajodthyronin = Thyroxin, Schilddrüsenhormon mit vier Jodatomen
Tachykardie: Herzjagen, starke Beschleunigung der Herztätigkeit, erhöhte Herzfrequenz
TAK (TgAAK): Antikörper gegen Thyreoglobulin
Thrombozyten: Blutplättchen ohne Zellkern (DNA), dienen der Blutgerinnung

Thyreoglobulin: Kolloid der Schilddrüse, Speichersubstanz für Schilddrüsenhormone in der Schilddrüse
Trägerproteine: Proteine, an die die Schilddrüsenhormone beim Transport im Blut gebunden sind
TRH: Thyreotropin-Releasing-Hormon, bewirkt die Freisetzung von TSH
TSH: (Thyreotropin), Schilddrüsenstimulierendes Hormon, Thyreotropes Hormon
Tyrosin: Aminosäure, Basis für die Schilddrüsenhormone
Wachstumshormone: Hormone, die das Wachstum regulieren, z. B. STH
Zytokine: Gruppe zuckerhaltiger Proteine, die das Zellwachstum und die Differenzierung fördern, aber auch eine wichtige Rolle im Immungeschehen spielen, z. B. Interferon.

UMRECHNUNGSFAKTOREN

Cholesterin:	mg / dl	x	0,0259	= mmol / l
	mmol / l	x	38,664	= mg / dl
T3:	ng / dl	x	0,01536	= nmol / l
	nmol / l	x	65,1	= ng / dl
fT3:	pg / ml	x	1,536	= pmol / l
	pmol / l	x	0,651	= pg / ml
T4:	µg / l	x	12,871	= nmol / l
	nmol / l	x	0,078	= µg / dl
fT4:	ng / dl	x	12,82	= pmol / l
	pmol / l	x	0,078	= ng / dl

pg / ml = ng / l

Literaturverzeichnis

Blaschke-Berthold, U.: Schilddrüsenprobleme beim Hund.
http://www.toncane.de/Homepage/Download/SchilddrueseUndVerhalten.pdf;
(Abgerufen: 17.06.2004, 19:16 Uhr)

Burchardt, X.: Routinemäßige Schilddrüsenuntersuchungen und medikamentöse Prophylaxe vor Gabe jodhaltiger Röntgenkontrastmittel zur Risikominimierung einer jodinduzierten Hyperthyreose – Beurteilung der Vorgehensweisen unter Aspekten evidenzbasierter Medizin (EBM). Diss. med. vet. Düsseldorf, 2003

Christoph H.-J., Freudiger U., Grünbaum E.-G., Schimke E.: Klinik der Hundekrankheiten. (Sonderausgabe), Stuttgart, 1997

Dahme E., Weiss E.: Grundriß der speziellen pathologischen Anatomie der Haustiere. Enke Verlag, Stuttgart, 1983

Döcke, F. (Hrsg.): Veterinärmedizinische Endokrinologie. Gustav Fischer Verlag, Jena, 1994

Dodds, W. J.: Thyroid can alter Behavior. DogWorld Vol. 77, 1992

Dodds, W. J.: Canine autoimmun thyroid disease.
http://www.itsfortheanimals.com/DODDS-CANINE-AI-THYROID.HTM
(Abgerufen: 30.10.2005 20:26 Uhr)

Dodds, W. J.: Canine thyroid disease and autoimmune thyroiditis.
http://www.nzymes.com/Articles/autoimmune_thyroiditis_by_Dr_Jean_Dodds.htm
(Abgerufen: 30.10.2005 20:27 Uhr)

Eckert, R.: Tierphysiologie. Thieme Verlag Stuttgart, 2002

Feddersen-Petersen, D. U.: Hundepsychologie. Kosmos Verlag Stuttgart, 2004

Feldkamp, J.: Schilddrüse und Psyche. (Forum Schilddrüse e.V.) http://www.forum-schilddruese.de/bauteile/texte/fs_fachinfo_psyche.pdf (Abgerufen 09.12.2006, 19:00 Uhr)

Futtermittelverordnung in der Fassung der Bekanntmachung vom 24. Mai 2007 (BGBl. I S. 770), zuletzt geändert durch die Verordnung vom 21. August 2007 (BGBl. I S. 2122)

Gärtner, R.: Selen und Autoimmunthyreoiditis. (Forum Schilddrüse e.V.)
http://www.forum-schilddruese.de/bauteile/texte/fs_fachinfo_selen_ait.pdf
(Abgerufen 16.10.2005 21:21 Uhr)

Grimminger, S. P.: Zum Iodbedarf und zur Iodversorgung der Haus- und Nutztiere und des Menschen. Diss. med. vet. München, 2005

Hand M. S., Thatcher C. D., Remillard R. L., Roudebush P.: Klinische Diätetik für Kleintiere. Schlütersche Verlag Hannover, 2002

Heldmaier G., Neuweiler G.: Vergleichende Tierphysiologie, Band 2: Vegetative Physiologie. Springer Verlag Berlin, 2003

Janssen, S.: Charakterisierung der Schilddrüsenfunktion und Nachweis eines Promotordefektes als Ursache des kompletten Thyroxin-bindenden Globulin-Mangels beim Hund. Diss. med. vet. VVB Laufersweiler Verlag Gießen, 2007

Juhr N.-Ch., Brand U., Behne D.: Zinkstoffwechsel – ein Faktor bei Aggressionsverhalten von Hunden? Berl. Münch. Tierärztl. Wschr. 116, 2003

Köhler, K.: Evaluierung von somatischen Ursachen für Verhaltensveränderungen beim Hund in der tierärztlichen Praxis. Diss. med. vet. München, 2005

Kraft W., Dürr U. M.: Klinische Labordiagnostik in der Tiermedizin. Schattauer Verlag Stuttgart, 2005

Küblbeck, Ch.: Untersuchung zur Jodversorgung von Hunden und Katzen in Frankreich. Diss. med. vet. München, 2003

Labor Laupeneck (Hrsg.): Häufige Fragen zur Messung von Schilddrüsenhormonen und zu deren Substitution. http://www.laupeneck.ch/d/infobl/pdf/d_faq_schilddruesenhormon.pdf (Abgerufen: 29.10.2005 21:35 Uhr)

Labor Laupeneck (Hrsg.): Hypothyreose. http://www.laupeneck.ch/d/infobl/pdf/d_hypothreose_hund.pdf (Abgerufen: 29.10.2005 21:45 Uhr)

Meyer H., Zentek J.: Ernährung des Hundes. Parey Verlag Stuttgart, 2005

Müller, W. A., Frings, S.: Tier- und Humanphysiologie. Springer Verlag Berlin, 2004

Niemand H. G., Suter P. F.: Praktikum der Hundeklinik. Parey Verlag Berlin, 1989

O´Heare, J.: Das Aggressionsverhalten des Hundes. Animal Learn Verlag Bernau, 2003

Reese, S.: Sonographische Schilddrüsendiagnostik bei Hund und Katze. VIII. DVG-Jahrestagung InnLab, München, 04.-06.03.1999

Reese S., Breyer U., Kaspers B., Göbel T., Kraft Wilfried: Etablierung neuer diagnostischer Verfahren zur Untersuchung der Hypothyreose beim Hund. GKF (Gesellschaft zur Förderung Kynologischer Forschung e.V.) http://www.gkf-bonn.de/download/zb_Resse16.pdf (Abgerufen 28.10.2005 23:45 Uhr)

Reusch, C.: Diagnose und Behandlung der Hypothyreose beim Hund. http://www.dgvd.org/foto/DGVD2005TagungVortraegeHome.pdf (Abgerufen 10.12.2006 20:47 Uhr)

Rohrer Kaiser, C.: Hypothyreose beim Hund. (Diavet Labor AG) http://www.diavet.ch/d/publikationen/pdf/54.pdf (Abgerufen 29.10.05 22:36 Uhr)

Schmidt-Nielsen, K.: Physiologie der Tiere. Spektrum Verlag Heidelberg, 1999

Schumacher, M.: Verhaltensbiologie. http://www.psychologie.uni-wuerzburg.de/fips/skripten/neu/grund/vhbio/vhbio_ms.doc.pdf (Abgerufen 17.01.2006 16:33 Uhr)

Sist, M. D.: Interpreting Thyroid test results. http://salukihealthresearch.tripod.com/page6.html (Abgerufen 30.10.2005 20:21 Uhr)

Spindler, K.-D.: Vergleichende Endokrinologie. Thieme Verlag Stuttgart, 1997

Vet Med Labor GmbH: T3-, T4- und TSH-Bestimmung beim Hund, Katze, Ratte und Maus. http://www.vetmed.de/vet/download/thyreose.htm (Abgerufen 22.10.2005 20:52 Uhr)

Wilkinson, S.: Help for Hypothyreoidism. Mood swings and unexplained aggression can be caused by low thyroid. Whole Dog Journal, Juni 2005

Willard, M. D., Tvedten Harold (Hrsg.): Labordiagnostik in der Kleintierpraxis. Urban & Fischer Verlag München, 2006

Yu, S., Wedekind, K. J., Kirk, C. A., Nachreiner, R. F.: Primary hair growth in dogs depends on dietary selenium concentrations. Journal of Animal Physiology and Animal Nutration 90, 2006

STICHWORTVERZEICHNIS

3

3, 5-Dijodtyrosin *Siehe* Schilddrüsenhormone:DIT
3-Monojodtyrosin *Siehe* Schilddrüsenhormone:MIT

A

Adenohypophyse 37, 38
Adenom 56
Adrenalin 42, 139
Albumin 29
Allgemeines Anpassungssyndrom 140
All-Meat-Syndrom 55
Amygdala 141
Anämie 125
Antioxidationsmittel 45, 125
Atemfrequenz 121
Atrophie 57
Autoimmunkrankheiten 77
Axolotl 33

B

Basedow 54

C

Calcitonin 18, 22
Calcium 124
Catecholamine 138
Cholesterin 34, 61
circadianer Rhythmus 43, 61
Clickertraining 156
Coping 137
Cortisol 42, 68, 140, 143
Cushing-Syndrom 66, 68
C-Zellen 18

D

Dejodase 21
Dejodinase 45
Desensibilisierung 138, 152
Differenzierung 33
Dodds 79
Dosis
 Anfangsdosis 117
 optimale 118

E

EES *Siehe* NTI
Eisen 46
Eiweiß 125
Eiweißmangel 45
ektopisches Gewebe 17
Epithelkörperchen 18
Erlernte Hilflosigkeit 140
Ernährung 45
Erythrozyten 29, 34
escape-Phänomen 25
Euthyroid sick syndrom *Siehe* NTI
extra-long loop 39

F

Fett 124
Follikel 18
Four F 142, 152

G

Gegenkonditionierung 138, 152
genexpressive Wirkung 19, 21, 31, 32
Gesellschaft für Tier-Verhaltenstherapie *Siehe* GTVT
Gewöhnung 138
Globulin 30
Glucosinolate 47
Goitrogene *Siehe* strumige Substanzen
GTVT 72, 102, 117

H

Haarwachstum 33
Halbwertszeit 29, 36, 89, 117, 118, 140
Herzerkrankung 122
Hippocampus 141
Hirnanhangsdrüse *Siehe* Hypophyse
Homöostase 135, 142
Hormondepot, extrazelluläres 27
Hormone, glandotrophe 37
Hormone, neuroendokrine 181
Hunger 45
Hypercalzämie 22
Hyperthyreose *Siehe* Schilddrüsenüberfunktion
Hypophyse 17, 37, 39, 60, 66, 111, 112
Hypophysen-Nebennierenrinden-System 140
Hypothalamus 38, 39, 60, 111

Hypothalamus-Hypophysen-Schilddrüsen-Achse 39
Hypothyreose *Siehe* Schilddrüsenunterfunktion

I

Immunozyten 63
Immunschwäche 94
Impfung 69, 123

J

Jod 23, 125
    Aufnahme 47
    Kropfbildung 55
    Mangel 39, 55, 65
    Überschuss 25, 64, 81
    Versorgung 26
Jodierung 26

K

Kälte 43
Kaskadeneffekt 37
Kaulquappen 33
Konservierungsmittel 124
Konversionsstörung *Siehe* Umwandlungsstörung
Kreislauf, enterohepatischer 35, 36
Kretinismus 32

L

Lebererkrankung 122
Limbisches System 142
Low-T3-Syndrom 22, 68

M

Mandelkern *Siehe* Amygdala
Modekrankheit 77
Morbus Addison 84
Myxödem 60

N

Natrium-Jodid-Symporter 24
Nebenschilddrüse 18
Neotenie 33
Neurotransmitter 21, 38, 43, 140, 143
Nitrat 47
Non-thyroidal illness *Siehe* NTI
Noradrenalin 139
NTI 66

O

Opioide 139, 155
Organprofil 122, 123

P

Parathormon 18, 22
Perchlorat 24
Phase
    kritische 32, 136
    protrahierte 31
    Sofortphase 31
Placebo 110
Plummer-Effekt 25
Protirelin *Siehe* TRH
Pulsmessung 120

R

Referenzwerte 74
Regenerationsvermögen 17
reverses T3 *Siehe* Schilddrüsenhormone:rT3
reverses Trijodthyronin *Siehe* Schilddrüsenhormone:rT3
Ruhepuls 121

S

Schilddrüsen-Autoantikörper 25
Schilddrüsen-Autoimmunkrankheiten 26
Schilddrüsenentzündung 71, 81, 108
Schilddrüsengewicht 18
Schilddrüsenhormone
    DIT 22, 26, 179
    Einflussfaktoren 73
    MIT 20, 22, 26
    Pro-Hormon 20
    rT3 21, 34
    Speicherform 27
    Stoffwechselwirkung 34
    T3 21, 31
    T3-Substitution 118
    T4 20, 31
    Umwandlung 21, 31, 34
Schilddrüsenkarzinom 54, 57
Schilddrüsenüberfunktion 25
Schilddrüsenunterfunktion 21, 25, 57
    primäre 111
    sekundäre 111, 112
    subklinische 61, 93
    subklinische --> Merkmale 71
    temporäre 26
    tertiäre 113

Schur 44, 128
Selen 45
Sensibilisierung 138
Serotonin 21
short loop 39
social support 152
STH 42
Stimmungsübertragung 152
Stress 42
    akuter 137
    chronisch intermittierender 137
    chronischer 137
    Distress 135
    Eustress 135
    psychosozialer 137
    Stresskreislauf 144
    Stresstraining 138
Stressoren 136
Struma *Siehe* Kropf
strumige Substanzen 46
sulfonamidinduzierte iadrogene Hypothyreose 108
sulfonamidinduzierte iatrogene Hypothyreose 51, 69
sympatho-adrenomedulläre System 140

T

Tablettengabe 118
    Einflüsse 119
TAK 82, 83, 88, 108
TBPA 29
TellingtonTouch(155
TgAAK *Siehe* TAK
Thalliumvergiftung 44
Thyreoglobulin 26, 27, 62
Thyreoglobulin-Autoantikörper *Siehe* TAK
Thyreoiditis *Siehe* Schilddrüsenentzündung
Thyreoliberin *Siehe* TRH
Thyreostatika *Siehe* strumige Substanzen
Thyreotoxikose 21, 55, 57, 58
Thyreotropin *Siehe* TSH
Thyronin *Siehe* Schilddrüsenhormone:T3
Thyroxin *Siehe* Schilddrüsenhormone:T4
Trägerproteine 29, 40, 183
TRH 38
Trijodthyronin *Siehe* Schilddrüsenhormone:T3
TSH 24, 37, 183
    Bestimmung 87
    Stimulationstest 88
    Wirkung 38
TSH-freisetzendes Hormon *Siehe* TRH
TSH-Releasing-Hormon *Siehe* TRH
Tyreotropes Hormon *Siehe* TSH
Tyrosin 26, 35, 183

U

Überdosierung 120
Umwandlungsstörung 68, 88, 90, 105, 118
Unterdosierung 120

V

Verhaltensänderung 94

W

Wachstumshormon *Siehe* STH
Wachstumshormone 32
Wärmeregulierung 33
Windhunde 86
Wolff-Chaikoff-Effekt 25
Wurmkur 123

Z

Zink 46, 47
Zwischenhirn *Siehe* Hypothalamus
Zyklusstatus 42

8. Anhang

NOCH MEHR INFOS:

www.tiergaertchen.de

Der Shop für Familien mit Clickerhund und aus dem Verlag MenschHund! Außerdem Infos, Tipps und Beraterhilfe rund um Fragen zum Hund.

www.yorkie-rg.de

Ein Forum für alle Hundefreunde und solche, die es werden wollen. Sympathisch, informativ und immer gut für mehr Wissen.

www.hundeschule.de

Der Berufsverband der Hunderzieher und Verhaltensberater e.V. mit Infos zu Verhaltensberatern in Ihrer Nähe und der IHK Zertifizierung.

www.adhc.de

Der Allgemeine Deutsche Hundeclub. Die politische Stimme für alle Hunde.

www.gtvt.de

Die Website der Gesellschaft für Tier-Verhaltenstherapie. Hier finden Sie verhaltenstherapeutisch geschulte Tierärzte in Ihrer Nähe.

WEITERE BÜCHER AUS DEM MENSCHHUND! VERLAG

Das erste Buch aus der MenschHund! – Reihe.

Sie haben zwei ungleich lange Arme und ständig Rückenschmerzen, weil Ihr Hund Sie Gassi führt und nicht umgekehrt? Dann wird es Zeit, dass Sie aufstehen, sich eine Tafel Schokolade holen und anfangen zu üben…

Autorin: Ariane Ullrich

72 Seiten, ISBN: 978-3-9810821-0-4
EUR 8,90

Das zweite Buch der MenschHund! – Reihe ist erschienen. Rund um das Thema Zurückkommen ist es sowohl eine Hilfe für Welpenbesitzer, als auch für jene, die mit dem erwachsenen Hund Probleme haben.

Autorin: Ariane Ullrich

107 Seiten, ISBN: 978-3-9810821-4-2
EUR 12,90

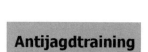

Ein Buch für alle, deren Hunde unkontrolliert jagen gehen. Der praktische Leitfaden zum Üben, Lernen und Aufschreiben. Training für jeden Tag und fast jedes Problem. Praxisnah und verständlich. Das bisher am besten bewertete Antijagdbuch bei Amazon! Mit Trainingstagebuch, Generalisierungs- und Belohnungsskala.

Autorinnen: Pia Gröning, Ariane Ullrich

224 Seiten, ISBN: 978-3-9810821-2-8;
EUR 19,90

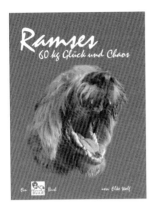

Das Lesevergnügen der besonderen Art. Für alle, die Hunde lieben und über deren Eigenheiten, Frechheiten und Sturheiten lachen können.
Ramses nimmt sie mit in die Welt der Hunde!

Autorin: Elke Wolf

156 Seiten, ISBN: 978-3-10821-1-1
EUR 12,90

Hundekot wegräumen? Heutzutage kein Tabu mehr, sondern ein Muss, will man mit Hunden zusammen leben. Das Büchlein zeigt, wie es geht.

Das Give away im Miniformat für Hundehalter, Kindergärten und Schulen.

ISBN: 978-3-981-0821-3-5; EUR 0,85

Alle Bücher können bestellt und vorbestellt werden unter:

www.mensch-hund-lernen.de

und

www.tiergaertchen.de

Eigene Informationen

Schilddrüsenwerte

Tabellen zum selbst eintragen:

Datum	T4 in µg/dl	fT4 in ng/dl	T3 in µg/l	fT3 in ng/l	TSH in ng/ml	Bemerkung
Referenz-werte des Labors						
Mittel-werte						

Datum	T4 in µg/dl	fT4 in ng/dl	T3 in µg/l	fT3 in ng/l	TSH in ng/ml	Bemerkung
Referenz-werte des Labors						
Mittel-werte						